Abhandlung über sexuelle Alchemie

Samael Aun Weor

Verlag Heliakon

Verlag Heliakon

Originaltitel: Tratado de Alquimia Sexual
Übersetzer: Osmar Henry Syring

Titelbild: Materia Prima Lapidis Philosophorum Manukript 18 Jh.
Umschlaggestaltung: Verlag Heliakon

Druck und Vertrieb: BoD - Books on Demand, Norderstedt

ISBN: 978-3-949496-61-5

www.verlag-heliakon.de
info@verlag-heliakon.de

Die Deutsche Nationalbibliothek verzeichnet diese Publikation in der Deutschen Nationalbibliografie; detaillierte bibliografische Daten sind im Internet über dnb.de abrufbar.

Inhaltsverzeichns

Einführung

Ich, Samael Aun Weor, habe dieses Buch für die Menschen des neuen Zeitalters geschrieben. Die Menschheit in diesem zwanzigsten Jahrhundert ist bis jetzt nicht bereit, die Mysterien des Feuers zu verstehen.

Die großen Mysterien der Sexualität können nur von Gnostikern (Wissenden) verstanden werden. Die Menschheit dieses zu Ende gehenden Fische-Zeitalters wird uns kreuzigen und steinigen, denn die Geschichte wiederholt sich immer.

Die gnostische Bewegung besteht aus der Vorhut der menschlichen Evolution, und nur Gnostiker können die großen Mysterien der Sexualität verstehen. Eines Tages erzählte mir ein Schüler namens David Valencia, folgendes:

> Als ich im Astralkörper durch die übersinnlichen Welten reiste, begegnete ich dem großen Sohn des Lichts, der bei den Herren des Karmas als Herr der Zeit bekannt ist. Da habe ich ihn gefragt: Was wird aus meinem Leben in der Zukunft? Und der Große Meister antwortete mir folgendermaßen: „Dein Leben wird sehr, sehr lang und mit vielen Leiden verbunden sein".
>
> Nachdem ich diese Antwort erhalten hatte, stellte ich eine weitere Frage bezüglich der Zukunft der gnostischen Bewegung, und der Herr der Zeit antwortete, dass sie hart und bitter sein würde und dass wir viele Enttäuschungen und Schmerzen erleben müssten, aber dass wir siegreich sein würden.
>
> Da ich etwas über Meister Aun Weor wissen wollte, fragte ich, wer er sei, und der Herr der Zeit erklärte, dass nur wenige von uns Meister Aun Weor kennen.
>
> Als der Herr der Zeit dies gesagt hatte, sah ich in einer Vision Gottes ein kleines Kreuz, und mit der Intuition des Seins verstand ich, was mich erwartete. Und ich sah ein anderes, sehr großes Kreuz, und ich sah vier Meister, die an diesem Kreuz vorbeigingen. Einer von

ihnen war Meister Moria vom Strahl der Kraft, ein anderer der ehrwürdige Kout-Humi vom Strahl der Weisheit, ein weiterer war Graf Saint Germain, der die Weltpolitik leitet, und der vierte war Meister Aun Weor, der Gründer des neuen Wassermannzeitalters.

Da schaute mich der Herr der Zeit an und zeigte mir, wie all diese Meister für die Menschheit geopfert und gekreuzigt worden waren.

Soweit die Geschichte meines Schülers David Valencia aus Quindío.

Wenn wir in den inneren Welten den schmerzhaften Marsch der gnostischen Bewegung in das Wassermannzeitalter betrachten, erscheinen Millionen von Kindern, Frauen, Älteren, Jugendlichen und Männern mit heldenhaften Gesichtern, die unter großen Opfern wie eine Parade von Märtyrern zur aufgehenden Sonne des Wassermanns marschieren...

In der Mitte der Parade, als traurige Prozession, tragen einige Helden einen Teller und darauf ein mit Dornen gekröntes Haupt, das die Kraft des Willens und des Opfers symbolisiert. Unsere Wissenschaft wird von den Pedanten dieses Jahrhunderts nicht verstanden. Unsere Wissenschaft wird von den Theosophen, Rosenkreuzern, Spiritisten usw. nicht verstanden.

Dies ist eine Bewegung, die völlig anders ist als alles, was bisher bekannt war, und die Menschen befinden noch in einem vollkommen embryonalen Zustand. Deshalb verstehen sie uns nicht. Die Menschen sind an den Stillstand gewöhnt, deshalb sind sie bis jetzt nicht in der Lage, das Leben in seiner freien Bewegung zu verstehen.

Die Anhänger der theosophischen, spiritistischen Schulen usw. glauben, alles zu wissen, und greifen uns an, ohne unsere Lehre zu kennen, die sich von allem unterscheidet, was sie bisher gelernt haben. Das ist die traurige Realität dieses zwanzigsten Jahrhunderts, und deshalb ist es nicht verwunderlich, dass sie diese Abhandlung über die sexuelle Alchemie nicht verstehen.

Die gnostische Bewegung ist ein Zug: einige Passagiere steigen an einer Bahnstation aus, andere an einer anderen. Der Zug ist in Bewegung. Niemand wird ihn aufhalten, denn die gnostische Bewegung ist die Armee des Wassermannzeitalters.

Samael Aun Weor

Die sieben Brote

Nu, der Aufseher des Palastes, sagt triumphierend: Ich esse nicht, was mir zuwider ist.

Das Widerliche für mich ist Unrat, das ist für mich widerwärtig; ich esse nur die Opfergaben, die den Kas dargebracht werden.

So soll es nicht zerstört werden und ich soll es nicht mit meinen Händen berühren und nicht mit meinen Schuhen darüber gehen. (Kapitel LV von: Das Buch der Toten)

Nu, siegreicher Palastvorsteher und Bewahrer des Siegels, sagt:

Ich werde nicht essen, was mir zuwider ist. Das Verabscheuungswürdige für mich ist Unreinheit; ich werde es nicht essen anstelle der Kuchen, die den Kas dargebracht werden.

Möge es nicht auf meinen Körper kommen, noch will ich es mit meinen Händen berühren, noch darüber mit meinen Sandalen gehen.

Wovon wirst du nun leben, in Anwesenheit der Götter?

Empfange Nahrung von dem Ort, an dem sie niedergelegt ist, und lebe von den sieben Broten, die Horus geopfert werden, und von dem Brot, das Thoth dargebracht wird.

Das sagen mir die Götter: Welche Art von Nahrung möchtest du? Und ich antworte: Lasst mich unter dem Platanenbaum meiner Herrin, der Göttin Hathor, essen, und lasst mich meine Zeit mit den göttlichen Wesen verbringen, die dort ruhen.

Gib mir die Kraft, meine Felder in Tattu zu bestellen und meine Herden in Annu zu hüten.

Lass mich von Brot aus weißer Gerste und von Bier aus rotem Korn leben, und gewähre mir die Personen meines Vaters und meiner Mutter als Hüter meiner Tür und zur Ordnung über meinen Besitz. Lass mich gesund und stark sein, gib mir ein großes Haus und erlaube mir, mich niederzulassen, wo immer ich will. (Kap. LVI, das Buch der Toten)

Ihr dürft, meine Brüder, keine Unreinheit essen, die den Menschen angeboten werden.

Die Kas sind die Doppelgänger der Toten.

Alle menschlichen Wesen sind Säulen der Unterwelt.

Alle Menschen sind lebende Tote, die sich von Unrat, Theorien, Schulen usw. ernähren. Das alles nennt sich: Theosophie, Rosenkreuzertum, Spiritismus, Martinismus, Religionen, Politik, Intellektualismus, usw.

Ernähre dich, mein Bruder, von den sieben Broten, die man Horus opfert, und iss von dem Brot, das man Thoth darbietet.

Die sieben Brote stehen für die Weisheit unserer sieben Schlangen.

Wir haben sieben Schlangen; zwei Gruppen von drei mit der erhabenen Krönung der siebten Zunge aus Feuer, die uns mit dem Einen, mit dem Gesetz, mit dem Vater vereint. Das sind die sieben Brote, die Horus, dem goldenen Kind, dem inneren Christus der sexuellen Alchemie, dargebracht werden.

Essen wir unter dem Feigenbaum meine Herrin, die Priesterin unseres alchemistischen Laboratoriums. Der Feigenbaum ist die sexuelle Kraft, die wir in unserem alchemistischen Laboratorium umwandeln müssen.

Alle heiligen Bücher der Welt wurden mit der Weisheit der sieben Brote erschaffen. Verbeugen wir uns vor der heiligen Bibel und machen wir eine respektvolle Verneigung vor dem Buch der Toten, der Zend-Avesta, dem Koran, der Bhagavad-Gita und den Veden. Dies sind ewige Bücher.

Die Weisheit der Propheten ist die Weisheit der sieben Brote.

Speisen wir unter dem Feigenbaum der Priesterin, um das goldene Kind der sexuellen Alchemie zu erzeugen. Lasst uns von dem Brot essen, das Thoth dargeboten wird, dem Brot des Christus-Geistes, damit wir von den vier Körpern der Sünde befreit werden und in die Halle der doppelten Maat eintreten können.

Speculum Alchemiae

Die Grundlagen aller Metalle sind: Salz, Quecksilber und Schwefel.

Quecksilber, Schwefel oder Salz allein können keine Metalle hervorbringen. Wenn sie sich jedoch vereinen, können sie verschiedene mineralische Metalle hervorbringen. Es ist daher logisch, dass unser Stein der Weisen zwangsläufig diese drei Prinzipien enthalten muss.

Das Feuer ist der Schwefel der Alchemie; das Quecksilber ist der Geist der Alchemie; das Salz ist die Meisterschaft der Alchemie.

Um das Rote Elixier und das Weiße Elixier herzustellen, brauchen wir zwangsläufig eine Substanz, in der Salz, Schwefel und Quecksilber vollständig rein und vollkommen sind, denn die Unreinheit und Unvollkommenheit der Verbindungen findet sich in der Verbindung wieder.

Da den Metallen jedoch nur Stoffe hinzugefügt werden können, die aus ihnen selbst gewonnen werden, ist es logisch, dass uns keine fremde Substanz von Nutzen sein kann; daher muss der Rohstoff für das Große Werk in uns selbst zu finden sein.

Wir vervollkommnen die Substanz (das Rohmaterial) nach allen Regeln der Kunst. Diese Substanz ist das Heilige Feuer unseres organischen Labors.

Diese halbfeste und halbflüssige Substanz enthält reines, klares, weißes und rotes Quecksilber und einen ähnlichen Schwefel. Außerdem besitzt dieser Stoff zwei Arten von Salz: das eine ist fest und das andere flüchtig.

Dieses Rohmaterial des Großen Werkes ist der Samen unserer Sexualdrüsen.

Mit unserer Wissenschaft und mithilfe des Feuers wandeln wir diese wunderbare Substanz um, damit sie am Ende der Arbeit millionenfach vollkommener ist. Das rote Elixier und das weiße Elixier werden mit dieser wunderbaren Substanz hergestellt.

Das Feuer

Um unsere inneren Körper zu vervollkommnen, werden wir mit dem Stoff des gesegneten Steins arbeiten.

In den Minen sehen wir, wie die groben Elemente durch die Hitze umgewandelt werden, bis sie zu Quecksilber werden.

Wir sehen in den Minen das Feuer, das die verschiedenen Fette der Erde in Schwefel verwandelt.

Die Wärme, die auf diese beiden Prinzipien einwirkt, erzeugt je nach ihrer Reinheit oder Unreinheit alle Metalle der Erde. Durch unablässiges Erhitzen bringt die Natur alle Metalle unseres Planeten Erde hervor und vervollkommnet sie.

Roger Bacon sagte: *Oh, unendlicher Wahnsinn, wer hat es verlangt, wer zwingt uns, dasselbe mithilfe von seltsamen und fantastischen Verfahren machen zu wollen?*

Gewiss, liebe Brüder, der Satz von Roger Bacon ist sehr wahr: *Die Natur enthält die Natur, die Natur freut sich an der Natur, die Natur beherrscht die Natur und verwandelt sich in andere Naturen.*

Engel werden weder durch die Theorien der Menschen noch durch Theosophie, Rosenkreuzertum oder Spiritismus geschaffen; die Engel sind natürlich, nicht künstlich.

Die Natur enthält die Natur, und in unserer sexuellen Natur befindet sich der gesegnete Stein, mit dem wir in unserer Weisheit des Feuers arbeiten können.

Es ist notwendig, zu kochen, zu kochen und wieder zu kochen, ohne dabei müde zu werden.

Die alten Alchemisten sagten: *Möge euer Feuer ruhig und sanft sein, möge es jeden Tag so bleiben, immer gleichmäßig, ohne schwach zu werden, sonst wird es großen Schaden verursachen.*

Das Feuer wird geschwächt und sogar ausgelöscht, wenn der Alchemist seinen Samen ejakuliert. Dann versagt er bei dem großen Werk.

Unsere Weisheit ist zunächst einem leichten und sanften Feuer unterworfen, aber in der Arbeit des Großen Werkes muss das Feuer Schritt für Schritt intensiviert werden, bis das Ende erreicht ist.

Der Ofen und das Gefäß

Aristoteles[1] *sagt in „Licht der Lichter", dass Quecksilber in einem dreifachen Gefäß aus sehr hartem Glas kochen muss.* (Roger Bacon, Speculum Alchemiae).

Das Gefäß sollte rund sein und einen engen Hals haben. Dieses Gefäß ist der Penis. In unseren sexuellen Organen befindet sich das Sperma, das der Rohstoff des Großen Werkes ist.

Das Gefäß soll hermetisch verschlossen sein, d. h., wir müssen unsere sexuellen Organe gut schließen, um zu verhindern, dass das Rohmaterial des großen Werkes verschüttet wird.

Unser Gefäß muss in ein anderes Gefäß eingeführt werden, das genauso hermetisch verschlossen ist wie das erste, sodass die Hitze von oben, von unten und von allen Seiten auf das Rohmaterial des Großen Werkes einwirkt.

Das ist die Formel: Führen Sie das männliche Glied in die Vagina der Frau ein, ohne Samen zu ejakulieren. So wird der Phallus, der das Gefäß ist, das das Rohmaterial des Großen Werkes enthält, von den Wänden der Vagina umschlossen und von allen Seiten der gleichen Hitze ausgesetzt.

Jetzt werden unsere Schüler verstehen, warum Aristoteles im „Licht der Lichter" sagt, dass *Quecksilber in einem dreifachen Gefäß aus sehr hartem Glas gekocht werden muss.* (Roger Bacon, Speculum Alchemiae).

Die Natur kocht die Metalle mithilfe des Feuers in die Minen, aber es braucht die entsprechenden Gefäße für das Kochen

In den Minen herrscht immer eine konstante Hitze, die Berge mit den Minen sind vollständig geschlossen, damit die Hitze nicht entweicht, denn ohne Feuer könnten die Metalle der Erde nicht hergestellt werden.

---

1) Dieser Autor, dessen Name Aristoteles zu sein scheint, darf nicht mit dem griechischen Philosophen und Lehrer Alexanders des Großen verwechselt werden. Es ist bekannt, dass er ein Schüler Avicennas war und zu seinen Werken gehören: De perfecto magisterio, De lapide philosophico.

Wir müssen dasselbe mit dem Phallus und dem Uterus tun; sowohl der Mann als auch die Frau müssen sich zurückziehen, ohne einen einzigen Tropfen Samen zu ejakulieren.

Am Anfang *soll dein Feuer ruhig und sanft sein, es soll jeden Tag so bleiben, immer gleichmäßig, ohne zu schwächeln, sonst wird es großen Schaden anrichten.* Jedoch könnt ihr nach und nach das Feuer verstärken.

Am Anfang sollten die Praktiken der Sexualmagie kurz sein, aber später kann man sie nach und nach verlängern und intensivieren, um das Feuer zu verstärken.

Mahlt sieben Mal, mein Bruder. Es gibt sieben Schlangen, die ihr an dem Stab erheben müsst, bis der mit dem roten Diadem gekrönte König erscheint.

Das Werk entspricht der Erschaffung des Menschen, denn *die Natur enthält die Natur, die Natur beherrscht die Natur und verwandelt sich in die anderen Naturen.*

Der Ofen unseres Laboratoriums ist das männliche Glied und die Vulva, sexuell verbunden.

Kapitel über das Steuern eines Bootes in der Unterwelt

Der Aufseher des Hauses des Aufsehers des Siegels, Nu, spricht triumphierend:

Gegrüßt seist du, der du das Boot auf dem unreinen Rücken von Apepi transportierst, gewähre mir, das Boot zu steuern und die Taue in Frieden aufzuwickeln.
Komm, komm, eile, eile, denn ich gelange hierher, um meinen Vater Osiris zu sehen, den Herrn des Ansi Kleides, der mit frohem Herzen die Herrschaft erlangte.

Sei gegrüßt, Gebieter der Ungewitter, Herr des Meeres!

Sei gegrüßt, du, der du über den bösen Rücken von Apepi segelst!

Gegrüßt seist du, der du die Köpfe anheftest und die Halswirbel befestigst, wenn du den Messern entsteigst.

Gegrüßt seist du, Hüter des geheimen Bootes, du, der du Apepi gefangen hältst, gewähre ihm, das Boot zu tragen, die Taue aufzuwickeln und zu segeln.

Dieses Land ist unheilvoll, und die Sterne sind aus dem Gleichgewicht geraten und gefallen, und sie haben niemanden gefunden, der ihnen hilft, wieder aufzusteigen: Ihr Weg ist durch die Zunge des Ra versperrt. Andebu ist der Führer der Länder.

Geb entsteht dank seiner Ruder. Die Kraft, die die Scheibe öffnet.

Der Fürst der roten Wesen.

Ich bin wie ein Schiffbrüchiger dahingetrieben; mach, dass mein Ka, mein Bruder, zu mir kommt, damit ich zu dem Ort segeln kann, den du kennst.

Sag mir meinen Namen, fordert der Wald, in dem ich ankern soll; *du nennst dich Herr beider Länder, der an deinem Schrein herrscht.*

Sag mir meinen Namen, sagt das Ruder, *Fuß von Apis ist dein Name.*

Sag mir meinen Namen, verlangt das Tau, *das Haar, mit dem Anpu (Anubis) die Arbeit meiner Einbalsamierung beendet hat ist dein Name.*

Sag uns unseren Namen, verlangen die Nägel der Ruder; *Säulen der unterirdischen Welt* werdet ihr genannt.

Sag mir meinen Namen, fordert der Schiffsraum; *dein Name ist Aker.*

Sag mir meinen Namen, verlangt der Mast; *der, der die große Königin bringt, nachdem sie gegangen ist, so nennst du dich.*

Sag mir meinen Namen, verlangt das Unterdeck; *dein Name ist Banner von Ap-uat.*

Sag mir meinen Namen, verlangt das Oberdeck; *Kehle von Mestha nennst du dich.*

Sag mir meinen Namen, verlangt das Segel; *dein Name ist Nut.*

Sagt uns unsere Namen, fordern die Lederstücke. *Ihr seid aus der Haut des Mnevis-Stieres gemacht, der von Suthi verbrannt wurde, heißt es.*

Sagt uns unsere Namen, fordern die Ruder, *ihr nennt euch Finger des erstgeborenen Horus.*

Sag mir meinen Namen, verlangt Matchabet (die Schöpfkelle), *die Hand der Isis, die das Blut vom Auge des Horus wischt, nennst du dich.*

Sag uns unsere Namen, fordern die Planken, die den Rumpf bilden, ihr heißt *Mestha, Hapi, Duamutf, Kebhsennuf, Hakau, Thet-em-aua, Maa-an-tef und Ir-nef-dchesf.*

Sag mir meinen Namen, verlangt der Bug. *Derjenige, der an der Spitze seiner Gnome steht, nennst du dich.*

Sag mir meinen Namen, fordert der Rumpf, *dein Name ist Mert.*

Sag mir meinen Namen, fordert das Steuer; *Aqa (gerade und ohne falsch) wirst du genannt, o du, der du im Wasser leuchtest, verborgener Strahl, so wirst du genannt.*

Sag mir meinen Namen, verlangt der Kiel; *dein Name ist Schenkel der Isis, von Ra mit dem Messer abgeschnitten, um Blut in das Boot von Sektet zu bringen.*

Sag mir meinen Namen, fordert der Seemann; *Reisender ist dein Name.*

Sag mir meinen Namen, sagt der Wind, von dem du getragen wirst; *der Nordwind, der von Tum bis zur Nase von Khenti-Amenti weht, ist dein Name.*

Sag mir meinen Namen, fordert der Fluss, *wenn du auf mir reisen willst: diejenigen, die man sehen kann, wirst du genannt.*

Sagt uns unsere Namen, verlangen die Ufer; *ihr nennt euch Zerstörer des Gottes Au-a (der mit der großen Hand) im Haus des Wassers.*

Sag mir meinen Namen, wenn du auf mir wandeln willst, verlangt die Erde, *die Nase des Himmels, die vom Gott Utu ausgeht, der im Sekhet-Aaru wohnt und mit Freude daraus hervorkommt, nennst du dich.*

Dann sollen Ihnen diese Worte vorgetragen werden: Heil euch, ihr göttlichen Wesen mit herrlichen Kas, ihr himmlischen Herren der Dinge, die immer existieren und leben werden und deren doppelte Zeitspanne einer unendlichen Anzahl von Jahren die Ewigkeit ist: Zu euch lenke ich nun meine Schritte. Gewähre meinem Mund die Gaben der Toten und Worte, und möge die Göttin Isis mir Brot und Kuchen vor dem großen Gott schenken.

Ich kenne ihn, vor dem du die Tchefau-Speise ablegst, und er heißt Thekem; ob er vom östlichen Horizont des Firmaments oder vom Westen abfährt, sein Lauf sei mein und seine Reise sei meine Reise.

Lasst nicht zu, dass ich in der Mesquet-Kammer vernichtet werde, und lasst nicht zu, dass die Dämonen Besitz von meinen Gliedern ergreifen.

Ich habe meine Kuchen in der Stadt Pe und mein Bier in der Stadt Tepu, und mögen die Opfergaben mir heute gegeben werden. Meine Gaben seien Weizen und Gerste, sie mögen mir Leben, Kraft und Gesundheit verleihen. Möge das Hervortreten bei Tag in der Form geschehen, in der es mir gefällt, im Sekhet-Aaru zu erscheinen. (Kapitel CIV, Ägyptisches Buch der Toten).

In diesem Kapitel des Buches der Toten, das wir soeben niedergeschrieben haben, ist unsere gesamte Laborarbeit enthalten.

Zunächst einmal ist der Stein schwarz, denn der Alchemist muss in die Unterwelt gehen, um das Licht der Dunkelheit zu entreißen. 4- Im

Schwarz des Steins verbirgt sich das makellose Weiß des Lichts. Diese erste Phase des Steins gehört zum Zustand der Verwesung.

Danach rötet sich der Stein, verflüssigt sich und gerinnt, bevor er wirklich weiß wird.

Der Stein durchläuft wahre alchemistische Transformationen; er wird schwarz, er wird weiß, er reinigt sich, er wird mit Rot und Weiß geschmückt und er durchläuft während des gesamten Einweihungsprozesses unzählige Transformationen.

Wir müssen kochen, kochen und noch mal kochen bis das goldene Kind erscheint. Das ist der innere Christus.

Solange ihr nicht wie kleine Kinder seid, könnt ihr nicht das Himmelreich betreten.

Unzählige Farben erscheinen auf unserem Stein der Weisen, bevor er erstrahlt. Nach dem Weiß kann man sich nichts mehr vormachen, denn wenn man das Feuer verstärkt, erreicht man eine gräuliche Farbe. Das ist die Asche, dies ist das Salz der Alchemie. Salz wird unterteilt in festes Salz und flüchtiges Salz.

Später, nach sieben Destillationen des Gefäßes, erscheint der mit einem roten Diadem gekrönte König.

Das sind alle Einweihungsprozesse, die wir in unserem alchemistischen Laboratorium durchführen müssen.

Gegrüßt seist du, der du das Boot auf dem unreinen Rücken von Apepi transportierst. Sei gegrüßt, oh Krieger, der du das Boot deiner Existenz auf dem unreinen Rücken von Apepi, der verführerischen Schlange von Eden, trägst. Du musst der Dunkelheit in der Unterwelt das Licht entreißen, damit du zu deinem Vater Osiris, dem Unendlichen, deinem wahren Selbst, dem Herrn des Ansi-Gewandes, gelangen kannst.

Der Alchemist muss auf dem bösen Rücken von Apepi, der verführerischen Schlange von Eden, reiten. Der Alchemist muss dem Teufel das Feuer entreißen. Der Alchemist muss der Dunkelheit das makellose Weiß entreißen.

Du musst mit deinem Ehepartner Sexualmagie praktizieren, damit dein schwarzer Stein durch das Feuer erstrahlt und dann weiß, makellos und rein wird.

Wir müssen kochen, kochen und noch mal kochen und nicht müde werden.

Damit meinen wir, dass die Sexualmagie intensiv mit dem Ehepartner praktiziert werden muss, um Kundalini zu erwecken und die Vereinigung mit dem Unendlichen zu erreichen. Kundalini steigt Wirbel für Wirbel, Kammer für Kammer, Grad für Grad, Stück für Stück.

Das heilige Feuer ist der Schwefel.

Der Aufstieg von Kundalini ist langsam und schwierig. Wenn der Alchemist das Rohmaterial der Großen Arbeit verschüttet, sinkt das Feuer ein oder mehrere Grade ab, je nach Schwere des Fehlers.

Unser Herr der Christus, sagte mir: *Der Jünger darf nicht zulassen, dass er fällt, denn der Jünger, der es zulässt, dass er fällt, wird viel kämpfen müssen, um das, was er verloren hat, wiederzuerlangen.*“

In der Dunkelheit greifen euch die Finsteren an, um euch daran zu hindern, die Kammern eurer Wirbelsäule zu betreten. Jeder Grad, den du in deiner Wirbelsäule erreichst, ist ein Becher, den du den Finsteren in der Unterwelt stiehlst.

In der Kammer deiner Wirbelsäule isst du die esoterische Weisheit der sieben Brote.

Ernähre dich, mein Bruder, von den sieben Broten, die dem Horus geopfert wurden, und iss die Grabkuchen, die dem Kas geopfert wurden. *Sei gegrüßt, Beherrscher des Regengusses, Mann, Seemann.* Derjenige, der den Einweihungsweg beschreitet, muss das Drama von Golgatha erleben, muss den Regenguss der großen Bitterkeit ertragen.

Gegrüßt seist du, der du die Köpfe anheftest und die Halswirbel befestigst, wenn du den Messern entsteigt. Sieben Schlangen müssen auf unserem Stab aufgerichtet werden, bis der mit dem roten Diadem gekrönte König erscheint. Siebenmal müssen wir die Enthauptung von Johannes dem Täufer erleben.

So wie die sieben Schlangen nacheinander von den Nackenwirbeln zum Kopf wandern, gehen wir in immer verfeinerter Form durch die Enthauptung von Johannes dem Täufer.

Gegrüßt seist du, der du die Köpfe anheftest und die Halswirbel befestigst, wenn du den Messern entsteigt. Salome, nackt, trunken vor Lust und Leidenschaft, tanzt mit dem Kopf des Täufers in ihren unkeuschen Armen vor König Herodes und symbolisiert die große menschliche Hure, die mit unserem irdischen Kopf vor der Welt tanzt. Jedes Mal, wenn der Eingeweihte aus den Messern steigt, verlässt er die Welt mit seinem groben, irdischen Geist.

Gegrüßt seist du, der du die Köpfe anheftest und die Halswirbel befestigst, wenn du den Messern entsteigt.

Man muss kochen, kochen und nochmals kochen und nicht müde werden.

Der Stein der Weisen wird rot, wird weiß, gerinnt, löst sich auf, glüht, strahlt und leuchtet in der Unterwelt.

Gegrüßt seist du, Hüter des geheimen Bootes, du, der du Apepi gefangen hältst. Gewähre ihm, das Boot zu tragen, die Taue aufzuwickeln und zu segeln. Sei gegrüßt, Krieger, der siegreich die Versuchung überwindet und den Bewohnern der Unterwelt die Kelche deiner Wirbelsäule stiehlt. Arbeite in deinem Labor, bis du deinen Vater Osiris erreichst. Du bist ein Bewohner der Unterwelt, und du musst das Land der Dunkelheit verlassen, um in das Reich des Lichts zu gelangen.

Man muss kochen, kochen und nochmals kochen und darf dabei nicht müde werden.

Die Unterwelt ist schrecklich.

Dieses Land ist unheilvoll, und die Sterne sind aus dem Gleichgewicht geraten und gefallen, und sie haben niemanden gefunden, der ihnen hilft, wieder aufzusteigen. Ihr Weg wird durch die Zunge des Ra abgeschnitten. Alle Menschen sind gefallene Sterne im unheilvollen Land der Unterwelt. Der Weg dieses düsteren Landes wird von der Zunge des Ra abgeschnitten, von der Sehnsucht nach dem Licht, vom Pfad der Einweihung, der uns vom Tod zum Leben führt, von der Dunkelheit zum Licht.

Andebu ist der Führer der beiden Länder. Antebu ist der Gott des thebanischen Aufstiegs. Der Aufstieg des Herrn findet nach unserer Kreuzigung, unserem Tod und unserer Auferstehung statt.

Geb entsteht dank seiner Ruder. Das bedeutet, dass Atman, der unaussprechliche Eine, das Reich der Götter bildet, dank seiner Ruderer, der unaussprechlichen Wesenheiten. Sie sind diejenigen, die aus der Unterwelt aufgestiegen sind. Sie sind von der Dunkelheit zum Licht aufgestiegen, weil sie wussten, wie man das Weiße aus dem schwarzen Stein extrahiert, nach den Regeln der Kunst. Das sind die Fürsten der roten Wesen, das sind die Fürsten des Feuers. Das sind die Meister der metallischen Transmutationen.

Gewähre, dass mein Bruder Khu zu mir kommt und dass ich mich auf den Weg mache an den Ort, den du kennst.

Das bedeutet, dass du dich in deinen leuchtenden Mantel hüllen sollst, mein Bruder, in deinen durchsichtigen Mantel, in deinen geistigen Mantel, damit du aus diesem düsteren Land herauskommst und in die Region des Lichts eintrittst.

Du bist der Herr der Finsternis und der Herr des Lichts. *Herr beider Länder, der in deinem Altar lebt.*

Bein von Hapiu ist dein Name, denn du bist ein Nachkomme der dritten Rasse.

Dein Name ist das Haar, mit dem Anpu die Arbeit meiner Einbalsamierung abgeschlossen hat. Das ist dein Name, und wir erinnern uns, dass Maria Magdalena den Körper des Meisters vor seiner Kreuzigung mit kostbarem Salböl einbalsamierte. Die heiligen Frauen balsamierten und verhüllten den Leichnam Christi nach seinem Tod.

Du musst für den Tod einbalsamiert werden, mein Bruder. Bei jeder Einweihung stirbt etwas in uns und etwas wird in uns geboren.

Dein Körper muss für den Tod einbalsamiert werden, mein Bruder. In der Unterwelt musst du verhüllt werden, damit du von den Toten auferstehen kannst.

Es ist traurig, das zu sagen, aber ihr seid Säulen der Unterwelt. Ihr seid Akar, der zweiköpfige Löwe, der Gott der Erde. Ihr seid den Herren des Karmas, den Löwen des Gesetzes unterworfen.

Jetzt müsst ihr *derjenige sein, der die Große Dame zurückbringt, nachdem sie gegangen ist.* Ihr müsst in den Schoß der Muttergöttin der Welt zurückkehren.

Du wirst Banner von Ap-uat genannt, weil du auf dem Pfad der Einweihung voranschreitest, indem du das Gesetz befolgst.

Kehle von Mestha, denn du hast den Kopf eines Menschen.

Dein Name ist Nut, denn du bist aus den Wassern der Tiefe aufgestiegen. Du kamst aus den tiefen Gewässern des Chaos. Das Wasser (Sperma) muss in den Wein des Lichts des Alchemisten umgewandelt werden.

Du bist aus der Haut des Stiers Mnevis gemacht, der von Suti verbrannt wurde. Die Götter sind Kinder von Neith, der Frau. Deshalb bist du aus der Haut des Stiers Mnevis gemacht.

Ihr seid die Finger des erstgeborenen Horus, des Grünen Kindes, des Goldenen Kindes, des Inneren Christus, das Ergebnis der Arbeit an eurem gesegneten Stein.

Vergiss nicht, mein Bruder, dass Isis das Blut aus dem Auge des Horus wäscht. Unser innerer Christus wird von der sanften Hand der gesegneten Muttergöttin der Welt liebkost. So heilen wir unsere Wunden.

Die Einweihung ist das schmerzhafte Drama von Golgatha.

Du hast den Kopf eines Menschen, du stammst von einer göttlichen Rasse ab, du bist eines der göttlichen Geschöpfe, du hast die Flügel eines Adlers, aber du wurdest in dieser unterirdischen Welt gefangen gehalten.

Du wurdest von den Dunklen der Unterwelt gewaltsam festgehalten.

Siehst du, was der Vater bringt? er bringt dir das Licht.

Man muss kochen, kochen, kochen und noch mal kochen und nie müde werden.

Derjenige, der sich selbst geschaffen hat, ist ein Meister der metallischen Transmutationen.

Du stehst an der Spitze deiner Gnome. Die höllischen Kreaturen der Unterwelt greifen dich unaufhörlich an. Achtet sehr auf euer Gefäß, damit nicht ein einziger Tropfen des Rohstoffs des Großen Werkes entweicht.

Schreckliche Versuchungen bedrängen dich in der Unterwelt; die schwarzen Magier schicken dir sinnliche Versuchungen mit verführerischem Körper, die dich in einem düsteren Land anlächeln, in dem die Sterne aus dem Gleichgewicht geraten sind und auf ihr Gesicht gefallen sind.

Du bist der Sohn von Mert. Aqa heißt du, o du, der du im Wasser leuchtest, verborgener Strahl heißt du.

Unter dem Wasser befindet sich der verborgene Strahl. Zwischen den Samen blitzt das schreckliche Feuer der sieben Schlangen auf, die sich inmitten schrecklicher Blitze furchterregend bewegen.

Du bist ein von Ra abgeschnittener Schenkel der Isis, und nun musst du zur Göttinmutter zurückkehren, die dich in der Halle der Maat erwartet.

Du bist ein Reisender des Kosmos. Geh voran, Reisender, geh voran, du bist der Nordwind, der aus Tem entspringt, du bist der Atem von Ra, dem Vater, dem ewigen Atman.

Du gehörst zu denen, die gesehen werden können. Du bist ein Zerstörer des Gottes Au-a im Haus des Wassers, weil dieses Wasser oder der christliche Samen deiner Sexualorgane in Feuer verwandelt wird.

Deine zwei Uraeus, deine beiden Schlangen des Südens und des Nordens, leuchten auf deiner Stirn. Diese beiden Schlangen sind die beiden Ganglien Stränge, durch die die Samenenergie zum Kopf aufsteigt.

Das Wasser wird in Wein des Lichts umgewandelt, und dieser heilige Wein steigt durch die beiden ganglionären Stränge auf und leuchtet zwischen den Augenbrauen.

Die alten Könige trugen zwei Kronen auf ihren Häuptern und die Heilige Schlange zwischen ihren Brauen.

Du bist im Bereich des Schilfrohrs, und du musst mit dem Ehepartner intensiv Sexualmagie praktizieren, damit das Feuer durch das Schilfrohr aufsteigt.

Wir stehen vor den göttlichen Wesen mit wunderbaren Kas.

Um zu sterben, muss man Gaben der Toten und Worte der Götter essen. Aber du sollst Opferkuchen essen, die dem Kas geopfert werden, aber du sollst keine Theorien, Religionen, Schulen usw. essen, denn das ist abscheulich.

Esst Speisen und Worte, um zu sterben und wieder aufzuerstehen.

Ach, dein Tod wird süß sein, und derjenige, der ihn miterlebt, wird sich glücklich fühlen. Dein Tod muss das Siegel des Eides unserer ewigen Liebe sein.

Der Tod ist die Krone von allem.

Möge die Göttin Isis uns Brote vor dem Großen Gott geben!

Möge die Göttin Isis uns mit den sieben Broten speisen, die Horus dargebracht wurden.

Lasst nicht zu, dass ich in der Mesquet-Kammer vernichtet werde, und lasst nicht zu, dass die Dämonen Besitz von meinen Gliedern ergreifen. In der Wiege der Haut werden wir als Götter wiedergeboren. Dies ist die Unterwelt. Dort greifen uns die verführerischen Dämonen an, dort müssen wir das Große Werk vollbringen.

Deshalb müssen wir, wenn wir die Schwärze des Steins finden, aus ihm das verborgene und makellose Weiße extrahieren. Wenn du das Weiß erscheinen siehst, darfst du nicht vergessen, dass sich unter diesem Weiß das Rot verbirgt, das durch Kochen und Kochen und wieder Kochen extrahiert werden muss, ohne jemals zu ermüden.

In den schwarzen Abgründen der Unterwelt greifen uns die Dunklen an, und wir müssen ihnen mutig das Feuer entreißen. Später leuchtet dieses Feuer in der Wirbelsäule in makellosem Weiß.

Nach dem Weiß kann man sich nichts mehr vormachen, denn wenn man das Feuer verstärkt, erreicht man eine gräuliche Farbe. Diese gräuliche Farbe ist das Salz des Alchemisten.

Das flüchtige Salz verteilt sich im ganzen Körper und gelangt in den Kehlkopf der Frau. Das flüchtige Salz der Frau wird zur Kehle des Mannes geleitet. So wird unser Kehlkopf hermaphroditisch und wird zum schöpferischen Organ des Meisters der metallischen Transmutationen.

Das feste Salz dient als Grundlage und Fundament.

Zuerst ist der Stein schwarz, weil wir in die Unterwelt gehen müssen, um dem Baphomet die Feuerfackel zu stehlen. Dann ist er weiß, weil wir das Feuer aus den Wirbelkammern ziehen. Dann ist er rot, denn er erstrahlt im Leuchter unserer Wirbelsäule mit dem machtvollen Glanz des Meisters der metallischen Transmutationen.

Dann folgen seine wechselnden Facetten, wenn wir das Rohmaterial des Großen Werkes kochen, kochen und wieder kochen.

Es gibt sieben Destillationen, d.h. sieben Schlangen, die wir an der Stange aufrichten müssen, bis der mit dem roten Diadem gekrönte König erscheint. Das heißt, bis wir zu einem Meister des Mahamanvantara werden.

Ich habe meine Kuchen in der Stadt Pe und mein Bier in der Stadt Tepu, und mögen die Opfergaben mir heute gegeben werden. Meine Gaben seien Weizen und Gerste, sie mögen mir Leben, Kraft und Gesundheit verleihen. Möge das Hervortreten bei Tag in der Form geschehen, in der es mir gefällt, im Sekhet-Aaru zu erscheinen. Unsere alchemistische Nahrung befindet sich in der Stadt Pe, das heißt in Unterägypten, in unseren Sexualorganen. Da sind die sieben Brote, da sind unsere heiligen Kuchen, und unser Bier ist in der Stadt, in der Thoth den unermesslichen Triumph feiert. Thoth ist der christifizierte Mentalkörper; der Gott Thoth ist der Gott des christifizierten Mentalkörpers.

Wenn der Mensch sich von den vier Körpern der Sünde befreit, verwandelt er sich in einen Drachen der vier Wahrheiten, einen Buddha.

Im Bereich des Schilfrohrs sind wir unaussprechliche Götter, wenn wir das Große Werk getan haben.

26 - Kapitel über das Steuern eines Bootes in der Unterwelt

Das weiße Elixier und das rote Elixier

Das weiße Elixier und das rote Elixier sind der Baum der Wissenschaft des Gutes und des Bösen und der Baum des Lebens.

Das rote Elixier ist das reinste Gold des Geistes, der Baum des Lebens.

Das weiße Elixier ist die sexuelle Kraft von Eden.

Das rote Elixier transformiert Blei in Gold und macht jedes Ding gelb.

Das weiße Elixier bleicht alle Metalle und verleiht ihnen eine makellose weiße Farbe.

Obwohl alle Metalle durch das Elixier zur Vollkommenheit gebracht werden, besteht kein Zweifel daran, dass die vollkommensten Metalle diejenigen sind, die am schnellsten zur Vollkommenheit gebracht werden. Die weniger vollkommenen Metalle erreichen ihre Vollkommenheit im Einklang mit den vollkommeneren.

Das ist die gesegnete Weisheit des großen Werkes des Vaters.

Wichtig ist, dass man lernt, die weißen und roten Elixiere auf die Metalle zu projizieren, um sie in reines Gold zu verwandeln.

Die Formel besteht aus dem Mischen eines Teils des Elixiers mit dem Honig des Metalls, das der Perfektion am nächsten kommt. Man schließt den gesamten Inhalt in den Behälter ein und stellt ihn dann auf den Herd, sodass das Feuer nach drei Tagen eine perfekte Einheit herstellt.

Dann wird der Vorgang mit dem nächsten Metall wiederholt, und so erreichen wir nach und nach die Umwandlung der Metalle in reines Gold. Dieses Gold ist reiner als alles Gold in den Minen der Erde.

Die Metalle sind unsere inneren Körper, die mit dem Weißen und Roten Elixier christifiziert werden müssen.

Das erste Metall, das wir in Gold umwandeln, ist der physische Körper. Auf dieses Metall projizieren wir unsere weißen und roten

Elixiere, um es in reines Gold des Geistes umzuwandeln. Diese Arbeit erfolgt, wenn wir unsere erste Schlange an der Stange erhoben haben.

Nach drei Tagen, d.h. nachdem die erste Schlange die drei oberen Kammern des Kopfes durchquert hat, ist der buddhische Körper oder der Körper des Bewusstseins vollkommen mit dem Innersten verschmolzen.

So wird das nächste Metall in reines Gold verwandelt, wenn die vollständige Verschmelzung mit dem wirklichen Sein erreicht ist. Aus dieser Verschmelzung entsteht der neue Meister, der aus den lebendigen Tiefen des Bewusstseins auftaucht. Dieser innere Meister ist der wahre Meister der metallischen Transmutationen. Dann muss der Meister der metallischen Transmutationen die Projektion auf seine anderen Metalle vornehmen, um sie zu transmutieren und daraus reines Gold zu gewinnen.

Wir müssen kochen, kochen und noch mal kochen und nicht müde werden.

Das Feuer des Ofens mag anfangs schwach sein, aber später muss es sehr intensiv sein, um eine vollständige Umwandlung und vollkommene Vereinigung zu erreichen.

Das zweite Metall, das umgewandelt werden muss, ist der Ätherkörper. Wir tun diese Arbeit, indem wir unsere weißen und roten Elixiere auf diesen Körper projizieren. Der Geist und das Feuer der zweiten Schlange, d.h. die beiden Elixiere, verwandeln den Ätherkörper in das *Soma Psykhikón* – den Körper aus Gold.

Das dritte Metall, das wir umwandeln müssen, ist der Astralkörper. Diese Arbeit machen wir mit der dritten Schlange, die zum Astralkörper gehört. Aus dem Astralkörper extrahieren wir den höheren Astralkörper, der der innere Christus ist. Dieses goldene Kind ist Horus. Dann transmutieren wir den Mentalkörper, um aus diesem Metall den christifizierten Mentalkörper zu gewinnen.

So betreten wir die Halle der doppelten Maat und befreien uns von den vier Körpern der Sünde.

Die vier Körper der Sünde schenken uns vier Körper aus Gold, wenn wir eine perfekte metallische Transmutation erreichen. Die vier Körper der Sünde werden durch vier himmlische Körper ersetzt, die als Tempel für den dreieinigen und unsterblichen Geist dienen.

Aus dem physischen Körper gewinnen wir den Körper der Befreiung. Dieser Körper ist aus Fleisch, aber aus Fleisch, das nicht von Adam stammt. Es ist ein Körper der tausendfachen Vollkommenheit. Er ist aus den höchstentwickelten Atomen unseres physischen Körpers gemacht.

Aus dem Ätherkörper extrahieren wir den Goldenen Körper, der sich mit dem Körper der Befreiung verbindet.

Aus dem Astralkörper gewinnen wir das Goldene Kind der Alchemie, das den Astralkörper ersetzt.

Und aus dem Mentalkörper extrahieren wir den christifizierten Mentalkörper, der den Mentalkörper ersetzt.

Auf diese Weise erreichen wir die metallische Transmutation.

Auf diese Weise werden die vier Körper der Sünde durch vier Körper der Herrlichkeit ersetzt.

So transmutieren wir die Metalle mit den weißen und roten Elixieren.

Auf diese Weise verstärkt das untere Quaternär die göttliche Triade.

Die Götter des Nirvana sind in vier Körper der Herrlichkeit gekleidet. Die Götter des Nirvana benutzen nicht die vier Körper der Sünde.

Nur die Meister des Nirvana, die hier in der physischen Welt eine Mission erfüllen, müssen die vier Körper der Sünde behalten, um sich durch sie ausdrücken zu können.

Da sie jedoch von den vier Körpern der Sünde befreit sind, beleben sie diese in Form von Hypostase.

Diese ewige und geistige Triade muss gewaltige alchemistische Transmutationen durchlaufen, um die Vereinigung mit dem Einen, mit dem Gesetz, mit dem Vater zu erreichen.

Es gibt sieben Schlangen, die wir am Stab erheben müssen, um der mit dem roten Diadem gekrönte König zu werden. Die fünfte verleiht uns den Christus-Willen.

Die sechste Schlange verleiht uns das Christus-Bewusstsein, die siebte Schlange verbindet uns mit dem Einen, mit dem Gesetz, mit dem Vater.

Wir müssen kochen, kochen und noch mal kochen und nicht müde werden.

Der Behälter muss fest verschlossen sein, damit die prima materia des Großen Werkes nicht verschüttet werden kann.

In diesem Werk der Alchemie werden die geistigen Substanzen in körperliche Substanzen umgewandelt und die körperlichen Substanzen werden in geistige Substanzen umgewandelt.

Dies ist unsere heilige Weisheit des Feuers.

Das Elixier des ewigen Lebens

Kapitel darüber, wie man die Sterblichkeit vermeidet, die in der Unterwelt fortbesteht (Aus dem Buch der Toten)

Der siegreiche Nebseni, Schreiber und Zeichner der Tempel von Ober- und Unterägypten, derjenige, dem Verehrung entgegengebracht wird, der Sohn des Schreibers und Künstlers Thena, sagt:

Oh, Tum! Ich habe Ehre erlangt vor dem doppelköpfigen Löwengott, möge der große Gott mir also die Pforten des göttlichen Geb öffnen.

Ich werfe mich nieder vor dir, erhabener Unsterblicher, der in der Unterwelt wohnt, und ich erscheine vor der Versammlung der Götter, die mit den Wesen der Unterwelt wohnen.

Sei gegrüßt, Hüter der heiligen Schwelle der Stadt Beta. Oh Gott, Neti, der du dein Zuhause in Amentet hast: Ich werde genährt, ich genieße das Leben dank der Luft, und der Unsterbliche führt mich zum mächtigen Boot von Khepera.

In der Abenddämmerung rede ich mit den Seemännern, ich gehe hinein, ich gehe hinaus und ich sehe das Wesen, das da ist; Ich erhebe ihn und sage ihm, was ihm zusteht, dessen Kehle aus Mangel an Luft stinkt. Ich habe Leben, und ich bin frei, nachdem ich im Tod geruht habe.

Du, der du Opfer und Gaben bringst, zeige deinen Mund, und lass die Liste der Opfer in die Tiefe herankommen.

Verankere Gerechtigkeit und Wahrheit fest auf deinem Thron., mache die Schriften unauslöschlich und erhebe die Unsterblichen vor Osiris, dem mächtigen Gott, dem ewigen Fürsten, der seine Jahre zählt, der in den Teichen sind, der seine rechte Schulter erhebt, der die himmlischen Fürsten richtet und der Osiris vor die herrlichen Herrscher schickt, die die Unterwelt bewohnen. (Kap. XLVII, Das Buch der Toten).

Wenn wir vor dem doppelköpfigen Löwengott, d.h. vor dem Gesetz, die Herrlichkeit erlangt haben, öffnet das Gesetz die Pforten zum göttlichen Geb.

Der göttliche Geb ist Atman, der universelle Geist des Lebens, vor dem wir uns in Ehrfurcht verneigen.

Dann kommen wir vor die Versammlung der Götter, die bei den Wesen der Unterwelt wohnen.

Dann danken wir der Luft, und der Unsterbliche führt uns zum mächtigen Schiff von Khepera.

Khepera ist die schöpferische Gottheit der Götter, es ist der heilige Skarabäus, es ist Ra in uns, es ist die Gottheit.

Abends rede ich mit den Seemännern, ich gehe hinein, ich komme heraus, und ich sehe das Wesen, das dort ist. Dieses Wesen ist mein Sein, mein Vater, der im Verborgenen ist. Ich spreche mit ihm, wenn ich mich vervollkommnet habe. Dann *habe ich Leben und bin frei, nachdem ich im Tod geruht habe*, weil ich das Elixier des ewigen Lebens erworben habe, nachdem ich eine lange Liste von Opfern erstellt habe.

Der Körper der Befreiung unterliegt weder Krankheit noch Tod.

Der Körper der Befreiung besteht aus Fleisch und Blut, aber es ist ein Fleisch, das nicht von Adam stammt, es ist das Fleisch des kosmischen Christus.

Der Körper der Befreiung hat die Gestalt des göttlichen Rabbi von Galiläa.

Der Körper der Befreiung ist der Körper der Götter.

Mit diesem Körper sitzen wir auf dem Thron der Gerechtigkeit und Wahrheit, und so werden wir als Unsterbliche vor Osiris und Horus erhoben.

Osiris ist der Innerste, *der ewige Fürst, der seine Jahre zählt, die in den Teichen sind, der seine rechte Schulter hebt, der die himmlischen Fürsten richtet und der Osiris befiehlt - weil Osiris Osiris befiehlt, weil die Götter den Göttern befehlen - vor den herrlichen Herrschern, die die Unterwelt bewohnen.*

Das ganze Geheimnis des Elixiers des ewigen Lebens liegt im Phallus des Osiris. Sogar der physische Körper kann mit dem Elixier des ewigen Lebens über Äonen hinweg erhalten werden.

Der Meister Mejnour lebte sieben mal sieben Jahrhunderte.

Der Meister Zanoni bewahrte seinen physischen Körper für Tausende von Jahren.

Graf San German besitzt noch immer denselben Körper, mit dem er im 17. und 18. Jahrhundert an den europäischen Höfen weilte.

Mit dem weißen und dem roten Elixier betreten wir das Reich des Übermenschen und werden zu allmächtigen Göttern des Universums.

Kapitel über die Luft in die Unterwelt

Triumphierend spricht Nu:

Ich bin der Schakal der Schakale, und Luft schöpfe ich aus der Gegenwart des Gottes des Lichts, und bis zu den Grenzen des Firmaments und zu den Enden der Erde und zu den äußersten Grenzen des Fluges des Vogels Nebeh. So möge diesen göttlichen jungen Wesen Luft gewährt werden. (Kap. LIX Das Buch der Toten).

Der Schakal der Schakale ist der Oberste der Archonten des Schicksals, er ist Anubis, der schakalköpfige Gott. Anubis verwaltet die Bücher des Karma in der Unterwelt. Der Tempel von Anubis ist der Tempel der Herren des Karma.

Jeder Mensch hat sein eigenes Buch der Geschäfte. Diejenigen, die lernen, mit ihrem Ka (dem Astralkörper) umzugehen, können den Tempel des Schakals der Schakale besuchen, um ihr Buch zu lesen und ihre Geschäfte zu erledigen.

Wer bezahlen kann, bezahlt und macht ein gutes Geschäft.

Diejenigen, die nicht zahlen können, müssen mit Schmerz bezahlen.

Tut gute Taten, damit ihr eure Schulden bezahlt.

Auch bei den Herren des Karmas können Kredite beantragt werden. Jeder Kredit muss zurückgezahlt werden.

Als der Logos des Sonnensystems mir die Tunika und den Mantel des Hierophanten der Großen Mysterien überreichte, sagte er zu mir: *Hiermit zahle ich dir, was ich dir für die Lehren schulde, die du erteilt hast.* Wer Licht will, muss Licht geben, damit er seinen Lohn erhält.

Der Schakal der Schakale leitet das Licht durch alle Grenzen des Firmaments und erreicht die Grenzen des Vogels Nebeh, der riesigen Schlange, einer der zweiundvierzig Richter der Maat im Gericht.

Dieser große Richter ist der Logos des Sonnensystems. Der Schakal der Schakale arbeitet unter dem Befehl dieses großen Richters. Diese jungen göttlichen Wesen, die mit Anubis zusammenarbeiten, sind die Herren des Karma.

Der Alchemist muss lernen, seinen Ka zu beherrschen, den Tempel des Schakals der Schakale zu besuchen und seine Angelegenheiten zu regeln.

Bei unserer Arbeit mit dem Gesegneten Stein ist es unabdingbar, dass wir lernen, unsere Angelegenheiten bewusst zu regeln.

Der Rote Löwe

Der Rote Löwe besteht aus trinkbarem Gold. Das trinkbare Gold ist Kundalini. Kundalini ist das Feuer der Samen.

Der Rote Löwe muss von allen Arten von Abfällen getrennt werden. Diese Abfälle oder Verunreinigungen werden durch einen Zerkleinerungsprozess vom Roten Löwen getrennt. Unter Zerkleinerung versteht man hier Sexualmagie und Willenskraft.

Dieses trinkbare Gold muss mit Weingeist gemischt werden, um es zu waschen, dann in einem guten Destillierapparat destilliert werden, bis der Säuregehalt des Königswassers vollständig verschwindet.

Der Weingeist ist nichts anderes als der Wein des Lichts, mit dem der Samen während der sexuellen Transmutation vermischt wird. Der Wein des Lichts ist umgewandeltes Sperma.

Der Samen muss destilliert werden, d.h. der Samen muss vollständig transmutiert werden. Auf diese Weise verschwindet der Säuregehalt des Königswassers, von dem die Alchemie spricht.

Der Rote Löwe ist das Heilige Feuer.

Dieses trinkbare Gold sollte in einem dicht verschlossenen Behälter aufbewahrt werden.

Man muss dreimal kochen und glühen, bis man die perfekte Tinktur der Sonne erhält. Die perfekte Tinktur der Sonne ist die, die uns die Kraft gibt, von den Toten aufzuerstehen. Christus ist am dritten Tag von den Toten auferstanden. Die perfekte Tinktur der Sonne ist die Kundalini des Astralkörpers.

Wenn der Eingeweihte seine dritte Schlange bis zum Herzen erhebt, geht er durch den symbolischen Tod, die Auferstehung und die Himmelfahrt unseres Herrn Jesus Christus.

Der Grüne Löwe

Der Grüne Löwe ist der Innerste von jedem einzelnen.

Diese Arbeit wird mit dem Vitriol von Venus durchgeführt.

Vitriol: *visita interiora terrae rectificando invenias occultum lapidem* (Besuche das Innere der Erde und läutere es, dann wirst du den verborgenen Stein finden).

Es ist notwendig, das Innere unserer Erde zu besuchen, um unseren gesegneten Stein zu finden. Dieser gesegnete Stein ist das Sperma.

Vitriol: Flüssiges, flexibles, formbares Glas. Durch die Läuterung dieser Flüssigkeit erhalten wir die goldene Tinktur, den Grünen Löwen der Alchemie: den Innersten.

Das Vitriol hat zwei Farben: eine rote und eine weiße. Rot macht alle Dinge rot und färbt sogar weiße Körper rot. Das ist die Farbe der Leidenschaft. Weiß macht alles weiß, und es macht die roten Körper des Abyss weiß.

Wenn wir dem Teufel das Feuer stehlen, betreten wir durch die erotischen Türen die Welt der Leidenschaft, um dem Teufel die Kelche der Wirbelsäule zu stehlen. Dann greifen uns die verführerischen Dämonen in der Unterwelt an und wir müssen große Schlachten mit ihnen schlagen, um die Kelche unseres Rückenmarks zu stehlen.´

Jeder aus der Unterwelt gestohlene Kelch leuchtet in makellosem Weiß in seinem entsprechenden Wirbel im Rückenmark.

So macht das Weiß des Vitriols alle roten Körper weiß.

Auf der Suche nach dem Roten und Grünen Löwen müssen wir viele Male in den Abgrund hinab- und wieder hinaufsteigen. Das Tor zum Abgrund ist die fleischliche Leidenschaft. Es kommt darauf an, die Bestie zu beherrschen und dem Teufel das Feuer zu stehlen.

Hermes Trismegistus sagt in seiner Smaragdtafel:

Trenne liebevoll und mit großer Einsicht und Weisheit die Erde vom Feuer, das Feine von dem, was hart, dicht und starr ist. Von der Erde steigt es auf zum Himmel und sinkt von dort wieder herab zur Erde und nimmt dabei die Kraft dessen, was oben ist, und dessen, was unten ist, auf.

So werdet ihr die Glorie der ganzen Welt besitzen, und darum wird alle Finsternis von euch fliehen.

Es ist die mächtige Kraft aller Kräfte, weil sie alles Sanfte überwindet und alles Harte durchdringt.

So wurde die Welt erschaffen. (Die Smaragdtafel).

Das Vitriol wird mit Luft und Wasser versetzt und einen Monat lang gereinigt.

Nach der Läuterung erscheinen die Farben Weiß und Rot. Damit meinen wir, dass nach einiger Zeit des Praktizierens der Sexualmagie das Feuer von Kundalini erweckt wird. Die Erweckung dieses Feuers birgt keine Gefahr, denn dies geschieht unter der Anleitung eines Spezialisten aus der unsichtbaren Welt.

Die rote Tinktur des Vitriol ist das Feuer.

Paracelsus sagt: *Arbeite mit dieser Tinktur in einer Retorte, und du wirst sehen, wie die Schwärze aus ihr heraustritt.* Diese Retorte ist die Alchemie, es sind unsere Sexualorgane.

Wenn wir mit der Tinktur des Grünen Löwen arbeiten, werden wir von der Dunkelheit des Abgrunds angegriffen, und deshalb sehen wir Schwärze aus der Retorte austreten. Aber beim Destillieren in der Retorte finden wir schließlich eine weiße Flüssigkeit. Diese weiße Flüssigkeit entspricht allen esoterischen Graden unserer Wirbelsäule.

Wir müssen unsere Tinktur ständig korrigieren, um den Grünen Löwen zu erhalten. Der Grüne Löwe ist der natürliche Balsam aller himmlischen Planeten und hat die Kraft, alle Krankheiten zu heilen. Der Grüne Löwe ist unser innerer Engel, unser höheres Selbst, unser Innerster.

Astrale Tinkturen

Bei unserer Arbeit der metallischen Transmutation müssen wir die astralen Tinkturen erarbeiten, um am Großen Werk mitzuwirken.

Vier Teile metallisches Wasser, zwei Teile Erde der roten Sonne, das ist die Urtinktur der Alchemie. Alles muss in ein Gefäß gegeben werden.

Der Inhalt muss sich dreimal verfestigen und aufgelöst werden. Dies ist die Urtinktur der Alchemie, denn mit dieser Tinktur stellen wir alle sieben Tinkturen der Sexualalchemie her.

Das metallische Wasser ist der Samen, die Erde der roten Sonne sind unsere Sexualorgane und die Schwefel-Sonne ist Kundalini, die wir erwecken müssen, indem wir Sexualmagie mit der Frau praktizieren.

Es ist klar, dass man dreimal verfestigen muss, denn wir sind ein Trio aus Körper. Seele und Geist.

Mit einer Unze der Sonnen-Tinktur können wir tausend Unzen mit Sonne färben.

Mit einer Unze Merkur-Tinktur können wir den Körper auch mit Merkur färben, usw.

Mit der Mond-Tinktur können wir den ätherischen Körper in perfektes Metall umwandeln.

Mit der Merkur-Tinktur können wir unseren buddhischen Körper in vollkommenes Metall umwandeln.

Mit der Venus-Tinktur können wir unseren Willenskörper in einen vollkommenen Körper umwandeln.

Mit der Sonnen-Tinktur können wir unseren Astralkörper oder Kosmischen Crestos in perfektes Metall umwandeln.

Mit der Saturn-Tinktur können wir unseren Mentalkörper usw. in perfektes Metall umwandeln.

Mit der Mars-Tinktur wandeln wir die Bewusstseins-Seele unseres physischen Körpers in ein vollkommenes Metall um und verleihen allen unseren Metallen die Stärke von Eisen.

Aber die goldene Tinktur vereint uns mit dem Einen, mit dem Gesetz, mit dem Vater.

Unsere sieben Körper werden von sieben Planeten beeinflusst.

Unsere sieben Schlangen vereinen die gesamte Weisheit der sieben Kosmokratoren.

Jeder unserer sieben Körper muss die gesamte Vollkommenheit eines jeden der sieben Kosmokratoren in sich vereinen.

Wir müssen mit unserem gesegneten Stein in der Retorte unseres sexuellen Laboratoriums arbeiten, bis wir den Phoenix der Philosophen erlangen.

So werden wir, nachdem wir gestorben sind, wie der Phönix der Philosophie wieder auferstehen.

Jeder von uns ist im Grunde ein Stern, und nachdem wir mit den Astral-Tinkturen gearbeitet haben, bis wir alle unsere sieben Körper in Fahrzeuge der Vollkommenheit umgewandelt haben, kehren wir in den Schoß des Vaters zurück.

Die sieben ordnenden Wesen, die sieben Planetarischen Logoi unseres Sonnensystems, dehnten sich in der Morgenröte des Lebens aus, wie Flammen sich ausdehnen, und aus ihrer Ausdehnung resultierten Millionen von göttlichen Partikeln, die sich durch das Mahamanvantara entwickelten.

Jedes göttliche Teilchen muss sich als Meister der metallischen Transmutationen verwirklichen und zum Vater zurückkehren.

Jeder Funke muss zu der Flamme zurückkehren, aus der er stammt, und dabei seine Individualität bewahren.

Das Buch der Toten sagt:

> Siehe, der Gott mit einem Antlitz ist mit mir. Seid gegrüßt, ihr sieben ordnende Wesen, die ihr in der Nacht des Gerichts von Utchat die Waage haltet, die ihr enthauptet und tötet, die ihr die Herzen ausreißt und die Brüste zerreißt, die ihr im Feuersee ein Gemetzel anrichtet: Ich kenne euch, und ich kenne eure Namen. Darum kennt ihr mich, so wie ich eure Namen kenne.

Ich schreite euch entgegen; darum schreitet mir entgegen, denn ihr lebt in mir und ich werde in euch leben.

Verleiht mir Kraft durch das, was ihr in euren Händen haltet, d.h. durch den Stab der Macht, den eure rechte Hand schwingt. Gewährt mir Leben mit euren Worten Jahr für Jahr, gewähre mir Blicke von Jahren auf meine Jahre des Daseins, unzählige Monate meines Daseins und unzählige Tage auf meine Tage des Daseins und unzählige Nächte auf meine Nächte des Daseins und gewährt mir, dass ich hervorkomme und strahle in meiner Statue; und gewährt mir Luft für meine Nase und Kraft für meine Augen, dass sie die göttlichen Wesen sehen, die am Horizont wohnen, am Tage der gerechten Abrechnung von Sünden und Schlechtigkeit. (Aus Kapitel LXXI Das Heraustreten der Seele in das volle Tageslicht, Das Buch der Toten).

Der Gott mit dem einen Antlitz, der in uns ist, ist der Innerste.

Die sieben ordnenden Wesen halten die Waage des Urteils und enthaupten Alchemisten und schlitzen ihnen die Kehlen auf, um sie zu Meistern der Metall-Transmutation zu machen.

Jedes Mal, wenn sich eine unserer sieben Schlangen von den Halswirbeln zum Kopf erhebt, erleben wir die symbolische Enthauptung von Johannes dem Täufer.

Die sieben planetarischen Genien ergreifen die Herzen und zerreißen die Brüste, um die Seelen aus der Unterwelt zu befreien und sie an den Ort des Lichts zu führen.

Die sieben Logoi verüben das Gemetzel im Feuersee.

Wir müssen sterben, um zu leben, wir müssen für die Welt sterben, um für den Vater zu leben, in der Weisheit des Feuers müssen wir sterben und wieder auferstehen wie der Vogel Phönix der Sexualalchemie.

Die unsterblichen Götter verleihen uns Kraft mit dem Stab der Macht, den sie in ihrer rechten Hand halten. Dieser Stab ist unsere Wirbelsäule, unser Bambusrohr mit den sieben Knoten, an dem die sieben feurigen Schlangen emporsteigen.

Mit dem roten und dem weißen Elixier erlangen wir das Elixier des ewigen Lebens, und obwohl wir in unserer Statue, d.h. in unserem physischen Körper, inkarniert sind, öffnen sich die inneren Welten, und wir können jene jungen göttlichen Wesen sehen, die am Horizont wohnen und die Bücher der Abrechnung der Welt führen.

Mit den Astral-Tinkturen kehren wir in den Schoß des Vaters zurück, um unaussprechliche Worte zu hören.

Alle Macht ist in der Weisheit der Schlange eingeschlossen.

Das Buch der Toten, sagt Folgendes:

Ich bin die Schlange Sata, alt an Jahren.

Jeden Tag sterbe ich und werde wieder geboren.

Ich bin die Schlange Sata, die an den Grenzen der Erde wohnt.

Ich sterbe und werde wiedergeboren, ich erneuere mich und werde jeden Tag jünger. (Kapitel LXXXVII Um in eine Schlange verwandelt zu werden Buch der Toten)

Die Mond-Tinktur hat eine violette Farbe.

Die Merkur-Tinktur ist gelb.

Die Tinktur der Venus ist indigofarben.

Die Sonnen-Tinktur ist tiefblau und golden.

Die Tinktur des Mars ist rot.

Die Tinktur des Jupiter ist blau und violett.

Die Tinktur des Saturn ist grün, grau und schwarz.

Der Alchemist muss die sieben Tinkturen herstellen, um alle seine Metalle umzuwandeln.

Die zwei Zeugen

> Und ich werde Weisung geben meinen zwei Zeugen, und sie werden weissagen 1260 Tage, mit Sacktuch bekleidet.
>
> Diese sind die zwei Ölbäume und die zwei Leuchter, die vor dem Herrn der Erde stehen.
>
> Und wenn jemand ihnen schaden will, so geht Feuer aus ihrem Mund und verzehrt ihre Feinde; und wenn jemand ihnen schaden will, muss er ebenso getötet werden.
>
> Diese haben die Macht, den Himmel zu verschließen, damit während der Tage ihrer Weissagung kein Regen fällt; und sie haben Gewalt über die Wasser, sie in Blut zu verwandeln, und die Erde zu schlagen mit jeder Plage, sooft sie nur wollen." (Off. 11: 3-6)

Die beiden Zeugen der Apokalypse sind unsere beiden ganglionären Stränge, durch die der Samen zum Kelch unseres Kopfes aufsteigt.

Wenn wir das männliche Glied aus der Vagina zurückziehen, ohne dass der Samen austritt, wandert er über die beiden Ganglienstränge zum Kelch (dem Gehirn).

Diese beiden Ganglienstränge werden im Osten Ida und Pingala genannt. Ida ist der rechte Ganglionstrang; Pingala ist der linke Ganglionstrang. Der Samen steigt durch diese beiden Nervenkanäle zum Kopf auf, wenn wir den tierischen Trieb zügeln.

Dies sind die beiden Zeugen, die beiden Ölbäume und die beiden Leuchter, die vor dem Gott der Erde stehen.

Dies sind die beiden Uräus aus dem Süden und aus dem Norden, die auf der Stirn leuchten. Deshalb trugen die alten Könige zwei Kronen auf dem Kopf und zwischen ihren Augenbrauen die heilige Schlange.

Die solaren Atome unseres Seminalsystems steigen durch den rechten Ganglionkanal auf. Die lunaren Atome unseres Samensystems steigen durch den linken Ganglionkanal auf.

Der rechte Ganglienstrang ist mit dem linken Nasenloch verbunden. Der linke Ganglienstrang ist mit dem rechten Nasenloch verbunden.

Wenn die solaren und lunaren Atome unseres Samensystems in der Nähe des Triveni in Kontakt kommen, das sich im Chakra Muladhara im Steißbein befindet, erwacht Kundalini und tritt durch die untere Öffnung des Rückenmarks ein. Der Aufstieg von Kundalini hängt von den Verdiensten des Herzens ab.

Die solaren und lunaren Atome unseres Samensystems kommen mit dem Steißbein in Kontakt, wenn wir lernen, uns von der Frau zurückzuziehen, ohne den Samen zu vergießen.

In den Tempeln von Lemuria hatten Männer und Frauen sexuellen Kontakt, um die Spezies fortzupflanzen, aber niemand vergoss Sperma. Die göttlichen Hierarchien benutzten ein einziges Spermium, um die Gebärmutter zu befruchten. Ein Spermium entweicht leicht aus den hormonellen Gefäßen. Es besteht keine Notwendigkeit, Unzucht zu treiben, um die Art zu reproduzieren.

Der Samenerguss ist eine ausschließliche Eigenschaft der tierischen Spezies, nicht aber der menschlichen Spezies. Der Mensch muss seinen Samen durch die beiden Ganglienstränge bis zum Kelch (dem Gehirn) erheben.

Es waren schwarze Magier, die den Menschen lehrten, wie ein Tier Samen zu ejakulieren.

Mit dem Verrat an den Mysterien des Vulcanus lehrten die schwarzen Magier des entgegengesetzten Pols dieses Heiligtums den Menschen schwarze Sexualmagie.

Die Mysterien der Sexualität stammen aus dem Heiligtum des Vulcanus. Aber als die Hüter dieses Heiligtums sich von den Brüdern des Schattens verführen ließen, begingen sie das Verbrechen des Verrats an den Mysterien.

Die schwarzen Magier ejakulieren ihren Samen während der Ausübung negativer Sexualmagie. Dann steigt die Schlange in die Höllen des Menschen hinab, und der Mensch wird zu einem perversen Dämon.

Der Schwanz, mit dem Satan dargestellt wird, ist die Kundalini der schwarzen Magier, die nach unten zu den Höllen des Menschen führt.

Wenn die Schlange aufsteigt, steht sie für die bronzene Schlange, die die Israeliten in der Wüste heilte. Wenn die Schlange absteigt, ist es der Schwanz des Satans, es ist die verführerische Schlange von Eden, die schreckliche siebenköpfige Pythonschlange, die der erzürnte Apollo mit seinen Pfeilen verwundete.

Die Schlange der Unzucht ist verflucht.

> Da sprach Gott, der Herr, zur Schlange: Weil du das getan hast, bist du verflucht unter allem Vieh und allen Tieren des Feldes. Auf dem Bauch sollst du kriechen und Staub fressen alle Tage deines Lebens. (Genesis 3:14)

Wir müssen die verführerische Schlange von Eden zurückweisen.

> Nu sagte: Oh Schlange!
>
> Ich bin die Flamme, die leuchtet im Wegbereiter von Hunderttausenden von Jahren, und das Banner des Gottes Tenpu, oder wie andere sagen, das Banner der Pflanzen und jungen Blumen. Weiche von mir, denn ich bin der göttliche Maftet. (Kapitel XXXIV, Die Bisse der Schlangendämonen zu vermeiden, Das Buch der Toten).

Wir müssen die verführerische Schlange von Eden zurückweisen und dürfen keinen Samen verschütten.

Der siegreiche Osiris Ani sagt:

> Ich bin der große Sohn des Großen; ich bin das Feuer: Sohn des Feuers, dem der Kopf gegeben wurde, nachdem er abgeschlagen wurde. Das Haupt des Osiris wurde nicht abgeschlagen, daher darf auch das Haupt des Osiris Ani nicht abgeschlagen werden. Ich habe mich selbst zusammengefügt, ich bin ganz und vollständig geworden, ich habe meine Jugend erneuert, ich bin Osiris, der Herr der Ewigkeit. (Kapitel XLIII „Um die Dämonen zu hindern, den Kopf des Verstorbenen abzuschneiden. Das Buch der Toten).

Der Funke, der in uns wohnt, ist die Tochter der Flamme, der *große Sohn des Großen.*

Diesem Osiris des Meisters wird sein Kopf gegeben, nachdem er abgeschlagen wurde.

Wenn die heilige Schlange von den Halswirbeln zum Kopf gelangt, erleben wir die Enthauptung von Johannes dem Täufer.

Niemand kann den Kopf des Innersten abschlagen, aber wir müssen vermeiden, in den Abgrund zu stürzen.

Wir werden vollständig und werden Meister der Ewigkeit, erfüllt mit ewiger Jugend, wenn wir unsere Kundalini am Stab erhoben haben, wie es Moses in der Wüste tat. Wir müssen uns in das göttliche Krokodil verwandeln.

Nu, der siegreiche große Aufseher, sagt:

> Ich bin das göttliche Krokodil, das mit Schrecken regiert, ich bin das göttliche Krokodil, und ich fange meine Beute wie ein gefräßiges Tier.
>
> Ich bin der große und mächtige Fisch der Stadt Quemur.
>
> Ich bin der Herr, vor dem sie sich in der Stadt Sekhem verneigen und niederwerfen. (Kapitel LXXXVIII, Um in den Gott Sebek verwandelt zu werden. Das Buch der Toten).

Dieses göttliche Krokodil ist der Innnerste. Dies ist das göttliche Krokodil, das seine Beute wie ein räuberisches Tier ergreift. Diese Beute sind die seelischen Essenzen all seiner Vehikel, die der Innerste assimiliert, um sich als Meister des Mahamanvantara zu verwirklichen. Er ist der große und mächtige Fisch, der aus den Wassern des Lebens aufsteigt, um das innere Universum zu verwirklichen. Es ist der Herr, den wir verehren und der in uns lebt.

Nu, der siegreiche Aufseher des Palastes, Oberster Aufseher, sagt:

> Gegrüßet seist du, Schlange Rerek, nähere dich nicht. Siehe Geb und Shu in Ra, und du wirst der unreinen Katze die Knochen zermalmen. (Kapitel XXXIII, Um die Schlangendämonen zurückzuweisen. Das Buch der Toten).

Die Schlange Rerek ist die Schlange der Unzucht, die vor dem lebendigen Gott zittert und die die Knochen der unreinen Katze zermalmt, indem sie sie in den Abgrund der Verzweiflung stürzt.

> Ich bin das heilige Krokodil Sebek, ich bin die Flamme mit drei Dochten, und meine Dochte sind unsterblich. Ich betrete die Region von Sekem, ich betrete die Region der Flammen, die meine Widersacher besiegt haben. (Das Buch der Toten)

Das heilige Krokodil Sebek ist der Innerste. Der Innerste ist die Flamme der drei Dochte.

Diese drei Dochte sind: Die göttliche Seele, die menschliche Seele und der christifizierte Mentalkörper.

Wir gehen ins Nirwana ein, wenn wir unsere Widersacher besiegt haben, wenn wir die verführerische Schlange von Eden besiegt haben, wenn wir die vier Körper der Sünde besiegt haben.

Es darf kein einziger Tropfen Sperma verschüttet werden. Wir müssen unsere Samenenergie durch die beiden ganglionären Stränge zum Gehirn bringen, um die heilige Schlange Kundalini entlang des Rückenmarks durch die dreiunddreißig Rückenwirbel zu erheben.

In jedem der dreiunddreißig Wirbel existieren schreckliche Kräfte. Indem wir jede der dreiunddreißig heiligen Kammern betreten, lernen wir die göttliche Weisheit kennen.

Dies sind die sieben Brote, die Horus geopfert werden. Wir müssen von diesen sieben Broten essen. Wir dürfen keinen Schmutz essen, wir dürfen nichts Abscheuliches essen. Das Unreine, das Abscheuliche, wird Unzucht, Ehebruch, Theosophismus, Rosenkreuzertum, Spiritismus, Politik, Hass, Egoismus, Begierden, Neid, usw. genannt. All das ist abscheuliche Nahrung, all das ist Unrat.

Essen wir von den sieben Broten, nähren wir uns von dieser göttlichen Weisheit.

Wir müssen unsere Samenenergie durch die beiden Zeugen nach oben bringen. Das sind die beiden Olivenbäume des Tempels. Dies sind die beiden Leuchter, die vor dem Gott der Erde stehen.

Das Chaos

Im Anfang schuf Gott Himmel und Erde; die Erde aber war wüst und wirr, Finsternis lag über der Urflut und Gottes Geist schwebte über dem Wasser.

Gott sprach: *Es werde Licht*. Und es wurde Licht.

Gott sah, dass das Licht gut war. Gott schied das Licht von der Finsternis und Gott nannte das Licht Tag und die Finsternis nannte er Nacht. Es wurde Abend und es wurde Morgen: erster Tag.

Dann sprach Gott: *Ein Gewölbe entstehe mitten im Wasser und scheide Wasser von Wasser*.

Gott machte also das Gewölbe und schied das Wasser unterhalb des Gewölbes vom Wasser oberhalb des Gewölbes. So geschah es und Gott nannte das Gewölbe Himmel. Es wurde Abend und es wurde Morgen: zweiter Tag.

Dann sprach Gott: *Das Wasser unterhalb des Himmels sammle sich an einem Ort, damit das Trockene sichtbar werde*. So geschah es.

Das Trockene nannte Gott Land und das angesammelte Wasser nannte er Meer. Gott sah, dass es gut war. (Genesis 1:1 – 10)

Wenn der Mensch seine Körper der Befreiung erschaffen will, um sich als Meister des Mahamanvantara zu verwirklichen, muss er es Gott gleichtun, indem er das Chaos seines Samensystems befruchtet, damit daraus das Universum entstehen kann.

Das Chaos ist der Samen, und wenn wir wie die Götter erschaffen wollen, müssen wir das Chaos mit dem lebensspendenden Feuer befruchten, so dass daraus unsere Körper der Vollkommenheit entstehen, mit denen wir uns als Meister des Mahamavantara verwirklichen.

Chaos ist die Mischung aus Wasser und Feuer.

Das Chaos enthält die Samen des Kosmos.

Das Wasser des Chaos ist der Lebensraum des Feuers.

Die Erde wird zu Wasser werden, und das Wasser ist die Wohnstätte des Feuers.

Unser materieller Körper, d.h. unsere individuelle Erde, ist auf das Wasser des Samens reduziert, und wenn wir dieses Chaos des Samens mit dem Feuer des Geistes befruchten, entsteht daraus das Goldene Kind der Sexualalchemie, der innere Christus, der zum Vater aufsteigt und uns zu Königen und Priestern des Universums macht.

Die Genesis ist ein Buch der Alchemie. Wenn wir unser inneres Universum erschaffen wollen, müssen wir dasselbe tun, was Gott tat, als er das Universum erschuf. Wir müssen die Wasser von den Wassern trennen, indem wir das Materielle und Grobe in die Tiefen des inneren Abgrunds schicken und unsere christliche Kraft erhöhen, indem wir unsere Samenenergie sublimieren, um sie oben in unserem göttlichen Himmel zu platzieren, wo die Herrlichkeit des Unendlichen erstrahlt.

Dies ist ein Werk der sexuellen Alchemie. Deshalb sagt Hermes Trismegistus:

> Du sollst die Erde vom Feuer trennen, das Feine vom Dichten, lieblich, mit großer Entschlossenheit. Von der Erde steigt es zum Himmel, und steigt wiederum zur Erde hinab und nimmt die Kraft des Oberen und Unteren an. (Die Smaragdtafel)

Dies ist unser gesegnetes Werk des Großen Werkes. Wir müssen an unserem Chaos arbeiten, um die Dunkelheit vom Licht zu trennen und der Dunkelheit die Wohnung des Abgrunds und dem Licht die Wohnung unseres Gottes zu geben. Wir müssen die Genesis in uns selbst vollziehen.

Hermes Trismegistos sagt:

> Das, was unten ist, ist wie das, was oben ist, und das, was oben ist, ist wie das, was unten ist, um die Wunder des Einen zu vollziehen. (Die Smaragdtafel).

Das Chaos des Universums befindet sich in diesem Moment in unserem Samensystem, und wenn Gott das Wasser des Chaos befruchten musste, um das Universum zu erschaffen, sind wir an der Reihe, das Gleiche zu tun, indem wir das Wasser unseres Chaos, d.h. den Samen, mit dem Feuer von Kundalini befruchten, um unser inneres Universum hervorzubringen und unaussprechliche Götter zu werden. Dies wird sexuelle Alchemie genannt. Die überhimmlischen Gewässer des Chaos sind reines Sperma, und aus diesem Sperma ist das Universum entstanden.

Diese überhimmlischen Gewässer der Genesis sind eine sehr reine, flexible und entzündliche Substanz, die jedoch niemals verbraucht wird. Dies ist das Paradies, in dem Adam vor dem Sündenfall lebte.

Lasst uns das Chaos (Samen) befruchten; lasst uns die Wasser von den Wassern trennen, indem wir das Materielle und das Grobe in den Abgrund bringen, und das Göttliche und Erhabene in unser inneres Firmament, damit wir Götter des Universums werden.

Jetzt ist unser Samensystem, das heißt unsere Erde, völlig ungeordnet und leer, und Finsternis liegt jetzt über dem Antlitz der Tiefe, und der Geist Gottes bewegt sich über dem Antlitz unserer seminalen Wasser.

Lasst uns Licht machen, Brüder, lasst uns Licht machen, indem wir der Finsternis das Licht entreißen, mithilfe der Sexualmagie. Das Licht ist gut, trennen wir es von der Finsternis.

Trennen wir die Wasser von den Wassern, das heißt, das Licht von der Dunkelheit, und sammeln wir die dunklen Wasser im Abgrund, um das trockene, reiche innere Universum, die Körper der Vollkommenheit, zu entdecken und uns als Meister dieses inneren und zarten Edens zu verwirklichen, in dem die Lichter des Himmels leuchten und aus dem jedes lebende Geschöpf hervorgeht.

Verwirklichen wir die Genesis in uns selbst, durch sexuelle Alchemie. Die Genesis ist eine Abhandlung über sexuelle Alchemie.

Wie oben, so unten.

Das Chaos des Makrokosmos befindet sich auch im Mikrokosmos.

Das Wasser des Chaos befindet sich in unseren Sexualdrüsen. Diese Wasser sind der Samen.

Wenn Gott das Wasser befruchten musste, um das Universum zu erschaffen, müssen wir dasselbe tun. Diese Wasser sind der Samen unserer Sexualorgane.

Damit haben wir den Schlüssel zum Perpetuum Mobile gefunden.

Und wenn wir Götter sind, die den Samen mit Feuer befruchten, werden wir aus den schrecklichen Tiefen unseres überragenden Bewusstseins majestätische Universen hervorbringen.

Wenn die Schüler und Meister eine neue Einweihung wünschen, müssen sie den Logos des Sonnensystems darum bitten.

Wenn der Meister jedoch von den vier Körpern der Sünde befreit ist, muss er nicht mehr um Eintritt bitten, weil er in die Welt der Götter eingetreten ist und auch ein Gott ist. Der Meister, der diese Höhen erreicht hat, weiß, dass der Eintritt in eine höhere Einweihung bedeutet, sein Chaos zu befruchten, um neue innere Schöpfungen zu schaffen, was neue Verantwortungen vor den karmischen Gesetzen bedeutet.

Wir Meister befruchten unablässig unser Chaos, um immer größere, immer vollkommenere innere Universen zu schaffen. Je großartiger diese inneren Universen sind, desto größer ist die karmische Verantwortung ihrer Schöpfer.

Deshalb brauchen wir Buddhas den Logos nicht mehr um den Eintritt in neue Einweihungen zu bitten. Wir Buddhas haben ein ausreichendes Alter, um die feierliche Verantwortung der gesamten inneren Schöpfung zu verstehen.

Der Logos, der schon in der Lage ist, ein Sonnensystem zu erschaffen und es mit den Tattwas zu kristallisieren, hat eine sehr ernste karmische Verantwortung, die immens schwerer ist als die der Arhats.

Ein Logos entsteht durch die Befruchtung seines eigenen sexuellen seminalen Chaos. Indem wir also unser Chaos befruchten, werden wir zu unaussprechlichen Göttern, zu solaren Logos, zu konstellaren Logos und so weiter.

Genesis enthält daher den Schlüssel zur kontinuierlichen Bewegung.

Die Genesis ist ein Buch der pulsierenden Aktualität.

Die Genesis ist eine Abhandlung über sexuelle Alchemie.

Wir haben nun den Schlüssel zum Perpetuum mobile, dem Elixier des ewigen Lebens und dem Stein der Weisen gefunden.

Nun müssen wir in die Welt der Götter eintreten. Es ist notwendig, in das Reich des Übermenschen einzutreten. Wir müssen in das übermenschliche Reich aufsteigen. Wir müssen Hierarchen des Feuers werden.

Die Tattwas der Natur

Tattwa ist Vibration des Äthers. Die Tattwas sind die Seele der Elemente. Die Tattwas sind die Elemente selbst.

Wenn ein Logos sein Chaos befruchtet, treten die Tattwas in Aktion.

Die Elemente Erde, Wasser, Luft und Feuer existieren auf allen Ebenen des kosmischen Bewusstseins. Diese Elemente in den inneren Welten werden Tattwas genannt.

Die Alchemie basiert auf dem Chaos und den Tattwas.

Akash ist das Prinzip des Äthers. Vayu ist das Prinzip der Luft. Tejas ist das Prinzip des Feuers. Apas ist das Prinzip des Wassers. Pritvi ist das Prinzip der Erde. Die Anupadaka und Adi Tattwas sind vollkommen spirituell.

In der physischen Welt sind die Tattwas Vayu, Tejas, Pritvi, Apas und Akash einfach als Elemente der Natur bekannt.

Der genaueste tattwische Zeitplan ist der der Natur. Tage der Winde und Hurrikane werden von Vayu beeinflusst. Bei großer Hitze und viel Sonnenschein vibriert der Tattwa Tejas. Die Tage mit viel Regen sind von Apas beeinflusst. Frühlingstage voller Schönheit gehören zu Pritvi. Stunden voller Langeweile und Monotonie, sind von Akash.

Die Tatwas unterliegen unaufhörlichen alchemistischen Transmutationen. Die Alchemie basiert auf dem Chaos und den Tattwas.

Ein Meister der metallischen Transmutationen ist auch ein Meister der Tattwas.

Was ist ein Blitz? Ein Blitz ist transmutierte Erde. Der Blitz ist Pritvi, der sich in Tejas verwandelt hat.

Erde wird in Wasser verwandelt, Wasser in Luft und Luft in Feuer.

Pritvi wird in Apas verwandelt, Apas verdampft in Vayú, und Vayú wandelt sich in Tejas um.

Alle diese tattwischen Transmutationen beruhen auf dem Chaos, das heißt auf dem Samen der Natur, auf der christonischen Substanz des Sonnenlogos.

Die tattwischen Transmutationen sind das causa causorum der Transmutationen der Elemente der Natur.

Wenn die Erde sich zu Wasser reduziert, dann deshalb, weil Pritvi sich zu Apas reduziert hat, und das ist tattwische Transmutation.

Wenn Wasser sich in Luft und Luft sich in Feuer verwandelt, dann deshalb, weil sich Apas in Tejas verwandelt hat.

So lebt die Seele der Elemente in unaufhörlichen, alchemistischen Transmutationen, und deshalb sehen wir, wie Erde sich in Wasser, Wasser sich in Luft und Luft sich in Feuer verwandelt.

All diese Transmutationen der Elemente der Natur vollziehen sich nicht nur äußerlich auf allen Ebenen des kosmischen Bewusstseins. Nicht nur im Planeten Erde, sondern auch im Planeten Mensch.

Die tattwischen Transmutationen sind sexuelle Alchemie.

Im Planeten Mensch sehen wir, wie Pritvi auf das Wasser des Samens reduziert wird, und wir sehen, wie sich dieses fruchtbare Chaos in sehr subtile Dämpfe verwandelt und diese Dämpfe von Vayú schließlich in Tejas, das heißt in Feuer, umgewandelt werden.

Die Lehre der Tattwas ist transzendental, denn sie enthält die höchsten Schlüssel zur Sexualmagie.

Die Erde wird zu Wasser, wenn das Wasser aufgrund der kalorischen Bewegungen im Inneren der Erde in Form sehr subtiler Dämpfe in ihre Kanäle eindringt. Dann wird die Erde, die von der Natur des Salzes ist, zu Wasser reduziert, und dieses Wasser verdampft durch Hitze zu Luft und wird nach einer gewissen Zeit der Verdauung zu Donner und Blitz, d.h. zu Feuer.

So wird Pritvi (Erde) zu Apas (Wasser).

So verwandelt sich Apas in Vayu (Luft).

Auf diese Weise verwandelt sich Vayu in Tejas (Feuer).

Alle diese tattwischen Transmutationen werden mit Hilfe des Chaos (*christonischer Samen*) vollzogen.

Alle diese tattwischen Transmutationen sind sexuelle Alchemie.

Alle diese tattwischen Transmutationen finden in unserem organischen Labor statt, wenn wir Sexualmagie praktizieren.

Unsere Erde, d.h. unser menschlicher Organismus, wird während unserer sexuellen Erregung zu Wasser, d.h. zu Sperma, reduziert. Das erigierte männliche Glied vermehrt das Sperma in den Gefäßen unserer Geschlechtsdrüsen.

So wirkt die Hitze der Sexualität, indem sie unsere individuelle Erde in reines Wasser, d.h. in christonischen Samen umwandelt.

Wenn der Sexualtrieb gezügelt wird, verwandelt sich dieses Wasser (Sperma) in die sehr subtilen Samendämpfe, die durch unsere beiden ganglionären Stränge zum Kelch des Gehirns aufsteigen. Nach einer gewissen Zeit der Verdauung berühren sich die solaren und lunaren Ströme unserer Samendämpfe in der Nähe des Triveni, über dem Sakralknochen, sodass das Heilige Feuer von Kundalini entstehen kann.

So wird Pritvi in Apas verwandelt.

So wird Apas in Vayú umgewandelt.

So wird Vayu in Tejas verwandelt.

So werden wir Meister der Tatwas.

Wenn ein Logos sein Chaos befruchtet, erzeugt er eine Reihe von tattwischen Transmutationen, die sich schließlich in den physischen Elementen der Natur kristallisieren.

Auf diese Weise kann der Logos Sonnensysteme erschaffen, die von allen Arten von Wesen bevölkert sind.

Auch wir befruchten während unserer Trancen der Sexualmagie unser Chaos mit dem Heiligen Feuer von Kundalini, was zu einer Reihe von tattwischen Transmutationen in unserem eigenen organischen Laboratorium führt, bis wir den Sonnenkönig, den Meister der metallischen Transmutationen, in den lebendigen Tiefen unseres inneren Bewusstseins verwirklichen.

Das göttliche Fohat

Die unsichtbaren Sterne, die in den Tiefen der Unendlichkeit pulsieren, sind unaussprechliche Flammen. Wir sind Funken, die von diesen ewigen Flammen freigesetzt werden. Bevor der Funke von der Flamme gelöst wird, ist er selbst die Flamme.

Wir waren diese Flammen. Wir waren die unaussprechlichen Logoi, die in der Morgendämmerung des Lebens das Chaos mit unserem Heiligen Feuer befruchteten, sodass die Saat des Kosmos aus den Wassern des Lebens hervorgehen konnte.

Die überhimmlischen Gewässer sind reines Sperma. Diese Wasser sind in unseren Sexualdrüsen gespeichert. Die Luft und das Feuer dieser Wasser ist das unaussprechliche Eden, das in uns selbst, in den Tiefen unseres Bewusstseins, wohnt.

Die Bibel erzählt uns in der Genesis, Kapitel eins, von diesen Wassern.

Daniel, 3, 6, erzählt uns in Psalm 104, 3 von diesen überhimmlischen Wassern des universellen Chaos.

Dieses Chaos ist unser eigenes christonisches Sperma. Dieses flüssige, flexible, formbare Glas ist eine entflammte, aber nicht verbrauchte Substanz, die den Wohnsitz der Engel, Seraphim, Throne, Tugenden, Mächte usw. darstellt. Diese christonische Substanz ist das Chaos, dem das Leben entspringt. Das ist der Christus in seiner Substanz, der flüssige Christus, der in unseren Sexualdrüsen wohnt.

Die überhimmlischen Wasser sind durchdrungen von der überhimmlischen Luft und dem göttlichen Feuer, in dem die Götter der unveränderlichen Unendlichkeit wohnen. Wenn wir diese Wasser während der sexuellen Trance ausgießen, gießen wir auch die überhimmlische Luft und das göttliche Feuer aus, das in diesen Wassern lebt. So versinken wir in unseren eigenen atomaren Höllen und in Welten der Finsternis, in denen nichts als Heulen und Zähneknirschen herrscht.

Feuer und Luft sind höhere Elemente. Das Feuer in seiner absoluten Einfachheit ist das Sumum aller Vollkommenheiten. Da die Luft weniger rein ist, kann sie das es nicht vollständig durchdringen oder mit ihm verschmelzen, sondern nur dann, wenn sie absolut gereinigt worden ist.

Das elementare Feuer ist in den Lichtern des Himmels konzentriert. Diese Lichter sind die unaussprechlichen Sterne, die planetarischen Logoi, die ihre Strahlen aussenden, um uns in unserer kosmischen Entwicklung zu unterstützen.

Das Feuer reinigt alle Dinge und verwandelt sie in unaussprechliche Vollkommenheiten. Das Feuer wirkt im Zentrum eines jeden Planeten und im Herzen allen Lebens. Das Feuer hat seinen Lebensraum im Wasser, und wenn wir diese Wasser ausgießen, gießen wir auch das Feuer aus und bleiben in der Finsternis.

Sexuelle Bewegung provoziert Emotionen: Emotionen setzen den Atem in Bewegung: Die Luft, und die Luft haucht dem Feuer Leben ein, wenn solare und lunare Atome im Steißbein in Kontakt kommen. Auf diese Weise erwacht die Kundalini, und wir vereinen uns mit dem Innersten.

Das Feuer kann grobes Wasser nicht aushalten; es muss es mithilfe der Wärmeenergie in sehr feine Dämpfe umwandeln. Wenn diese Dämpfe in solare und lunare Ströme umgewandelt werden, dann ist das Wasser ausreichend umgewandelt und gereinigt, um auf ewig mit dem Feuer der Kundalini zu verschmelzen. Diese Arbeit ist die sexuelle Alchemie.

Das Feuer reinigt die Luft, die Luft reinigt das Wasser, und das Wasser reinigt die Erde, mit der ständigen Bewegung des Feuers. Auf diese Weise reinigen sich die Elemente gegenseitig.

Das Wasser im Samen wirkt auf das Feuer ein, indem es dieses in unseren Sexualorganen einschließt und es dann in unserer Wirbelsäule hochsteigen lässt.

Das Feuer wirkt auf unsere vier Körper der Sünde ein, um sie zu ihrem eigenen Grad der Vollkommenheit zu erheben. Durch das Feuer extrahieren wir aus unseren vier Sündenkörpern das reine Öl des Geistes. Dieses Öl entzündet sich, befreit von seinen Unreinheiten, und brennt wie eine unaussprechliche Flamme.

So wirkt es auf den Planeten Mensch ein, indem es die Unausgeglichenheit der Elemente beseitigt und sie alle zur Vollkommenheit bringt und in lebendiges Feuer verwandelt. Auf diese Weise reinigt das Feuer die Elemente, bevor es sie vollständig assimiliert.

In der Natur sehen wir, wie sich die Erde in Wasser verwandelt, Wasser in Luft, in Wolken und schließlich in Feuer, Donner, Blitze und Funken. Das Feuer vom Himmel bringt Regen, und der Regen belebt das Innere des Samenkorns, sodass Leben entstehen kann. Dieses wiederholte Bewässern wirkt auf die Samen der Erde, in denen das Feuer des blühenden und aktiven Lebens eingeschlossen ist.

Das Wasser des Himmels, das auf die Samen einwirkt, um das Feuer des Lebens hervorzubringen, ist reine sexuelle Alchemie.

Das Feuer von Kundalini, das auf unsere Samen einwirkt, lässt aus dem inneren Leben ein inneres atomares Universum voller unbeschreiblicher Vollkommenheiten entstehen. Auf diese Weise wird der von seiner Schlacke gereinigte Planet Mensch mit dem Feuer des Geistes vereinigt und zu einer ewigen Flamme.

Der antike Phönix in seinem rebellischen Adlernest wird vom Heiligen Feuer genährt, und seine Jungen stechen ihm die Augen aus, wodurch das makellose Weiß des unaussprechlichen Geistes entsteht, der in den Ecken des Universums leuchtet.

So verwandeln wir alle unsere Metalle in das reine Gold des Geistes. Das ist der große Arkanum.

All jene Eingeweihten, die vor mir das Große Arkanum enthüllen wollten, sind gestorben.

Im Mittelalter wurden alle Eingeweihten, die versuchten, das Große Arkanum zu enthüllen, getötet. Einige wurden mit den Hemden des Nessus getötet, andere wurden durch parfümierte Blumensträuße vergiftet, einige starben durch den Dolch oder auf dem Schafott.

Im alten Ägypten der Pharaonen wurden diejenigen, die versuchten, das Große Arkanum zu enthüllen, zum Tode verurteilt. Ihre Köpfe wurden abgeschlagen, ihre Herzen herausgerissen und ihre Asche in alle vier Winde verstreut.

Es gab nur einen einzigen Menschen, der das Große Arkanum enthüllen konnte, und der nicht starb. Dieser Mann bin ich: Samael Aun Weor.

Die sieben Tage der Schöpfung

Lassen Sie uns nun in die alchemistische Spagyrik einsteigen.

Spagyrik oder spagyrische Medizin kommt aus dem griechischen *Span* (extrahieren) und *Agyris* (wieder zusammenführen). Das ist Extrahieren und Zusammenführen.

Alle großen Arkana der okkulten Medizin finden sich in Eden, und Eden ist die Sexualität.

In allen Pflanzen existiert das Chaos, und im Chaos gibt es die Tattwas. Das Chaos eines jeder Pflanze ist der Samen.

Das Gleiche gilt für die Pflanze Mensch. Das Chaos des Menschen befindet sich in seinen Sexualdrüsen.

Wenn wir das Chaos befruchten, transformieren wir die Tattwas.

Die christonische Substanz des Sonnenlogos ist der chaotische Samen, auf dem alle Fähigkeiten des Menschen beruhen.

Wenn der Samen der Pflanzen aktiv wird, dann werden sie prachtvoll, blühen auf und tragen Früchte. Wenn der Pflanzensamen jedoch schwächelt oder vertrocknet, werden die Pflanzen schwach, verkümmern und sterben.

So ist es auch beim Menschen: Wenn er seine Samenenergie umwandelt, ist er erfüllt von Schönheit, Leben und Freude; verschwendet er aber seinen Samen an tierische Leidenschaften, dann ist er erfüllt von Finsternis und Tod.

Die Spagyriker zerkleinerten die Pflanzen, um den Saft zu gewinnen. Dieser Saft wurde dann in ein dicht verschlossenes Gefäß gefüllt und bis zur vollständigen Gärung an einen kühlen Ort gestellt. Als der Gärungsprozess abgeschlossen war, stellten sie den Behälter auf einen Ofen, um den Alkohol aufsteigen zu lassen.

Wir müssen kochen, kochen und noch mal kochen und nicht müde werden.

Der Alkohol steigt schlierenförmig auf und muss siebenmal erhitzt und destilliert werden. Bei der siebten Destillation sind alle Schleimstoffe und der Schleim vollständig verschwunden. In jeder Destillation wird der Schleim vom Alkohol getrennt. In der siebten Destillation ist der Alkohol rein, und es ist reiner Wein des Lichts.

Die Gewinnung von Alkohol oder reiner Essenz aus Pflanzen erfolgt durch das Zerkleinern einer großen Anzahl von Pflanzen und das Sammeln ihrer Säfte, die Fermentierung und die anschließende siebenfache Destillation. Das Wichtigste ist, den Geist vom Schleim zu trennen.

Aber auch der Schleim muss mit alchemistischen Methoden destilliert werden, denn er ist eine Substanz, die bemerkenswerte Tugenden besitzt.

Der Weinstein bleibt im Fass haften, er ist das Salz der Pflanzen, das auf kluge Weise für medizinische Zwecke extrahiert werden kann. Dieses Salz hat zwei Aspekte: festes Salz und flüchtiges Salz.

Das kostbare Arkanum, das wir nach der spagyrischen Lehre aus den Pflanzen gewinnen müssen, ist die christische Substanz, der unsterbliche Logos, der in den Tiefen des Tempels schläft.

Hier werden Rhythmus, Planet, Tierkreis und Tattwas kombiniert.

Allerdings müssen wir die gnostischen Schüler darauf hinweisen, dass die mittelalterlichen Spagyriker, wenn sie von Pflanzen sprachen, sich nicht auf die Pflanzenwelt bezogen, sondern auf die Pflanze Mensch.

Diese ganze Spagyrik des Philippus Theophrastus Bombastus von Hohenheim (Aureolus Paracelsus) und seiner Schüler ist absolut sexuell.

Wir müssen unseren christonischen Samen sammeln, um daraus das Feuer zu extrahieren. Durch die Keuschheit sammeln wir alle unsere sexuellen Säfte und speichern sie an einem kühlen Ort. Dieser Ort sind unsere Geschlechtsdrüsen.

Man muss destillieren, indem man die Sexualmagie intensiv mit der Frau praktiziert. So verflüchtigen sich die Schlieren mit jeder Destillation und wir erhalten den König mit dem roten Diadem, den Sonnenkönig, den siegreichen Magier der Schlange.

Das Salz des Spermas ist fest und flüchtig. Das flüchtige Salz des Mannes wird in den Kehlkopf der Frau geleitet, und das flüchtige Salz der Frau wird in den Kehlkopf des Mannes geleitet. So bereiten wir unseren Kehlkopf darauf vor, das goldene Wort zu sprechen.

Während der Praktiken der Sexualmagie ist der Biorhythmus der Drüsen in voller Euphorie.

Die sieben Planeten des Sonnensystems stehen in engem Zusammenhang mit den sieben Schlangen.

Im Uterus des Tierkreises entwickeln wir uns mit der sexuellen Alchimie.

Die sexuelle Transmutation verursacht tattwische Transmutationen, denn die Tattwas befinden sich im Sperma.

Mit jeder alchemistischen Destillation erheben wir die Schlange. Bei der siebten Destillation befinden sich die sieben Schlangen auf dem Stab der Wirbelsäule.

Der Planet, der uns leitet, ist der Stern des Vaters.

Also ist die Spagyrik der Gnostiker nichts anderes als sexuelle Alchemie. Wir Gnostiker sind wir nur daran interessiert, unsere sieben Schlangen zu erheben.

In der Vergangenheit, als wir elementar und pflanzlich waren, befanden sich unsere sieben Schlangen auf dem Stab. Als wir fielen, stiegen diese sieben Schlangen an der Wirbelsäule herab und wurden im Muladhara-Chakra des Steißbeins eingeschlossen.

Das Normale, das Natürliche ist, die sieben Schlangen auf dem Stab zu haben. Das Unnatürliche, das Abnormale, das Absurde ist, dass die sieben Schlangen gefallen und im Muladhara Chakra eingeschlossen sind.

Wir Gnostiker wollen also normale Übermenschen sein, übermenschliche Wesen, und aus diesem Grund arbeiten wir mit der sexuellen Alchemie, um unser Chaos zu befruchten und Götter zu werden.

Die sieben Schlangen sind die Destillationen der Spagyrik.

Die sieben Schlangen sind die sieben Tage der Schöpfung.

Die sieben Schlangen sind die sieben großen Einweihungen der großen Mysterien.

In sieben Tagen, d.h. in sieben großen Einweihungen der großen Mysterien, erschaffen wir unser inneres Universum, wenn wir unser sexuelles Chaos befruchten, indem wir intensiv Sexualmagie mit der Frau praktizieren.

Sobald die sieben Schlangen auf dem Stab erhoben sind, werden wir wieder normale Wesen, wie wir es vor dem Sündenfall waren.

Die großen Scharen übermenschlicher Wesen freuen sich, wenn ein Mensch aufgehört hat, anormal zu sein, und seine sieben Schlangen auf dem Stab erhoben hat.

Die Bibel, ein heiliges Buch der Gnostiker, erzählt von den sieben Destillationen, wenn sie die hebräischen Jünglinge beschreibt, die im Feuerofen unverletzt blieben.

> Einst ließ König Nebukadnezar ein goldenes Standbild anfertigen; sechzig Ellen betrug seine Höhe und sechs Ellen seine Breite. Er errichtete es in der Ebene Dura in der Provinz Babel.
>
> Der König Nebukadnezar schickte Boten aus, die Satrapen, Statthalter, Präfekten, Generäle, Schatzmeister, Richter, Polizeibeamten und alle Provinzialbeamten zusammenzuholen. Sie sollten zur Einweihung jenes Standbildes erscheinen, das der König Nebukadnezar errichtet hatte.
>
> Da versammelten sich die Satrapen, Statthalter, Präfekten, Generäle, Schatzmeister, Richter, Polizeibeamten und alle anderen Provinzialbeamten zur Einweihung des Bildes, das König Nebukadnezar hatte errichten lassen. Sie nahmen vor dem Standbild, das Nebukadnezar errichtet hatte, Aufstellung.
>
> Der Herold verkündete mit mächtiger Stimme: *An euch ergeht der Befehl, ihr Völker und Stämme aller Sprachen*:
>
> *Sobald ihr den Klang der Hörner, Flöten, Zithern, Harfen, Lauten, Sackpfeifen und aller Arten von Musikinstrumenten ertönen hört, sollt ihr niederfallen und das goldene Standbild anbeten, das der König Nebukadnezar errichten ließ.*
>
> Wer aber nicht niederfällt und anbetet, der wird noch zur selben Stunde in den glühenden Feuerofen geworfen.
>
> Sobald daher alle Völker den Klang der Hörner, Flöten, Zithern, Harfen, Lauten, Sackpfeifen und aller Arten von Musikinstrumenten vernahmen, warfen sich sämtliche Völker und Stämme aller Sprachen sogleich nieder und beteten das goldene Standbild an, das der König Nebukadnezar errichtet hatte.

Zur gleichen Zeit traten chaldäische Männer heran und verklagten die Juden.

Sie ergriffen das Wort und sprachen zum König Nebukadnezar: *Ewig sollst du leben, o König!*

Du, o König, hast doch den Befehl erlassen, dass jeder, der den Klang der Hörner, Flöten, Zithern, Harfen, Lauten, Sackpfeifen und aller Arten von Musikinstrumenten vernimmt, niederfallen und das goldene Standbild anbeten soll.

Wer aber nicht niederfällt und anbetet, der solle in den glühenden Feuerofen geworfen werden.

Da sind nun jüdische Männer, denen du die Verwaltung der Provinz Babel anvertraut hast, Schadrach, Meschach und Abednego. Diese Männer achten nicht auf deinen Befehl, o König. Deinen Gott verehren sie nicht, und das von dir errichtete goldene Standbild beten sie nicht an.

Da befahl Nebukadnezar in wütendem Zorn, Schadrach, Meschach und Abednego vorzuführen. Man brachte also jene Männer vor den König.

Nebukadnezar hob an und fragte sie: *Ist es wahr, Schadrach, Meschach und Abednego, daß ihr meinen Gott nicht verehrt und das von mir errichtete Standbild nicht anbetet?*

Nun wohl, wenn ihr bereit seid, niederzufallen und das von mir verfertigte Standbild anzubeten, sobald ihr den Klang der Hörner, Flöten, Zithern, Harfen, Lauten, Sackpfeifen und aller Arten von Musikinstrumenten vernehmt, dann ist es gut; betet ihr es aber nicht an, so werdet ihr zur gleichen Stunde in den glühenden Feuerofen geworfen, und welcher Gott wird euch aus meiner Gewalt befreien können?"

Schadrach, Meschach und Abednego antworteten dem König Nebukadnezar: *Wir haben nicht nötig, dir darauf ein Wort zu erwidern.*

Wenn es sein soll, kann unser Gott, den wir verehren, uns aus dem glühenden Feuerofen befreien, und er wird uns aus deiner Gewalt, o König, erretten.

Tut er es aber nicht, so sei dir, o König, kundgemacht, dass wir deinen Gott nicht verehren und das von dir errichtete goldene Standbild nicht anbeten werden."

Da ward Nebukadnezar von Wut erfüllt, und sein Gesichtsausdruck entstellte sich gegen Schadrach, Meschach und Abednego. Er befahl, den Ofen siebenmal stärker zu heizen, als man ihn sonst zu heizen pflegte.

Einigen von den stärksten Männern in seinem Heere befahl er, Schadrach, Meschach und Abednego zu binden und in den glühenden Feuerofen zu werfen.

Nun wurden diese Männer in ihren Mänteln, Beinkleidern, Mützen und sonstigen Gewändern gebunden und in den glühenden Feuerofen geworfen.

Weil aber der Befehl des Königs so streng und der Ofen ungewöhnlich stark geheizt war, tötete die Feuerflamme jene Männer, die Schadrach, Meschach und Abednego hinaufgebracht hatten.

Die drei Männer aber, Schadrach, Meschach und Abednego, fielen gebunden in den glühenden Feuerofen.

Da erschrak der König Nebukadnezar und sprang eilends auf. Er fragte seine Beamten: *Waren es nicht drei Männer, die wir gefesselt ins Feuer hineinwarfen?"* Sie gaben dem König zur Antwort: *„Sicher, o König!*

Dieser erwiderte und sprach: *Da sehe ich aber vier Männer im Feuer ohne Fesseln umhergehen, ohne dass sie einen Schaden genommen haben, und der vierte sieht aus wie ein himmlisches Wesen.*

Dann trat Nebukadnezar vor die Tür des glühenden Feuerofens und rief aus: *Schadrach, Meschach, Abednego, Diener des höchsten Gottes, geht heraus und kommt her!* Da traten Schadrach, Meschach und Abednego aus dem Feuerofen heraus.

Es versammelten sich die Satrapen, Statthalter, Präfekten und Beamten des Königs, um jene Männer zu sehen, über deren Leib das Feuer keine Gewalt hatte. Kein Haar ihres Hauptes war versengt, und ihre Mäntel waren unversehrt, nicht einmal Brandgeruch haftete ihnen an.

Nebukadnezar hob an und rief: *Gepriesen sei der Gott des Schadrach, Meschach und Abednego, der seinen Engel sandte und seine Diener befreite, die auf ihn vertrauten, das Gebot des Königs übertraten und ihren Leib hingaben, nur um keinem anderen Gott Verehrung und Anbetung zollen zu müssen als nur ihrem Gott.*

> Von mir ergeht jetzt der Befehl: Wer von irgendeinem Volke, einem Stamm oder einer Sprache über den Gott des Schadrach, Meschach und Abednego eine Lästerung ausspricht, der soll zerstückelt und dessen Haus soll in einen Schutthaufen verwandelt werden. Denn es gibt keinen anderen Gott, der so retten könnte wie dieser.
>
> Dann ließ der König den Schadrach, Meschach und Abednego in der Provinz Babel wieder erfolgreich wirken. (Daniel Kap. 3)

Die goldene Statue, die die hebräischen jungen Männer nicht anbeten wollten, ist die abscheuliche Nahrung, die schmutzige Speise des Theosophismus, des Spiritismus, der Pseudo-Rosenkreuzer, des Feminismus, der Politisierung und anderer Speisen, die den Götzen angeboten wurden. Diese abscheulichen Köstlichkeiten auf Jezebels Tisch sind die goldenen Statuen, die die unversehrten jungen Männer nicht anbeteten.

Der Ofen wurde siebenmal angeheizt. Das sind die sieben Destillationen der Alchimie. Das sind die sieben Schlangen, die wir an dem Stab erheben müssen. Das sind die sieben Tage unserer inneren Schöpfung.

Schadrach, Meschach und Abed-Nego sind der physische, der Vital- und der Astralkörper.

Der vierte junge Mann ist, wie der Sohn der Götter, der christifizierte Mentalkörper eines jeden, der sich von den vier Körpern der Sünde befreit.

Wir müssen also siebenmal den Feuerofen anzünden, um Könige und Herren des Universums zu werden.

Simon der Magier

Während ich mich in den übersinnlichen Welten aufhielt, fielen mir zwei Werke in die Hände: Das eine war von Simon dem Magier, das andere das des Samariters Menander, der den Gipfel der magischen Wissenschaft erreichte.

Nachdem ich diese beiden Bücher konsultiert hatte, beschwor ich Simon den Magier. Diese Anrufung erfolgte im Namen des Christus. Da antwortete Simon der Magier und sprach zu mir: „Rufe mich nicht im Namen Christi, sondern im Namen des Petrus an." Da erkannte ich, dass Simon der Magier der Gegenpol von Simon Petrus war.

Ich betrat einen schönen Raum, in dem ich Simon den Magier mit seiner Schar von treuen Schülern fand. Als Simon mich eintreten sah, sagte er in schroffem Ton zu mir: „Verschwindet von hier!" Und er näherte sich mir und berührte bestimmte Chakren in meinem Unterbauch. Da habe ich verstanden, dass Simon der Magier in Wirklichkeit ein schwarzer Magier ist.

Ich verteidigte mich mit meinem flammenden Schwert, und angesichts der lodernden Flammen war der Schwarzmagier fassungslos und wagte nicht, mein Schwert anzusehen.

Ich kannte Simon den Magier im alten Rom und hörte, wie er zu seinen Jüngern predigte.

Das Böse ist so fein und delikat, dass sogar die Meisterin Blavatsky selbst zu der festen Überzeugung gelangte, dass Simon der Magier ein Meister der Weißen Loge war.

Huiracocha glaubte auch, dass Simon Magus ein großer gnostischer Meister war, und erzählt uns, dass alles, was Papus und andere Autoren in den letzten Jahren über Magie lehrten, von Simon dem Magier stammt.

Der einzige, der sich nicht in Bezug auf Simon dem Magier irrte, war Dante Alighieri in seiner „Göttlichen Komödie". Dante nennt die Schüler von Simon dem Magier Simonisten.

Die Römer errichteten ihm Statuen mit der Inschrift: „Simoni Deo Sancto".

Wenn man jedoch die Werke von Simon dem Magier genau studiert, gibt es offenbar nichts, was als Schwarze Magie bezeichnet werden könnte.

Das Böse ist in der Welt des Verstandes so fein, das Böse ist auf der Ebene des kosmischen Verständnisses so zart und so subtil, dass es wirklich viel Intuition braucht, um nicht auf die Dämonen der mentalen Welt hereinzufallen.

Auf der Mentalebene sind schwarze Magier millionenfach feiner und subtiler als Schwarzmagier auf der Astralebene.

Simon der Magier sagt das Folgende:

> Der Vater war eins. Denn da er ihn [den Gedanken] in sich selbst hatte, war er allein. Er war jedoch nicht der Erste, obwohl er präexistent war, aber indem er sich aus sich selbst heraus manifestierte, wurde er der Zweite (oder Duale). Auch wurde er nicht Vater genannt, bevor er [der Gedanke] ihm jenen Namen gab.
>
> Wie es daher, indem es selbst sich selbst durch sich selbst entwickelte, sich selbst seinen eigenen Gedanken offenbarte, so handelte auch der Gedanke nicht, als er offenbar war, sondern indem er den Vater sah, verbarg er ihn in sich selbst, das heißt, (verbarg) jene Potenz (in sich selbst). Und die Potenz (Dynamis) und Gedanke (Epinoia) sind männlich-weiblich. Daher entsprechen sie einander – denn die Potenz unterscheidet sich auf keine Weise vom Gedanken, da sie eins sind.
>
> So wird von den oberen Dingen Potenz gefunden und von den unteren Gedanke. Es ereignet sich daher, dass das, was von ihnen geoffenbart ist, obwohl es eins ist, sich doch als zweifältig erweist, indem das androgyne das weibliche in sich hat. So ist das Gemüt im Gedanken - Dinge, die voneinander untrennbar sind, die, obwohl sie eins sind, sich doch als dual erweisen. (Die Geheimlehre, Band 3: Was Magie in Wirklichkeit ist?)

Wer diesen Absatz liest, wird wirklich nichts finden, was Simon den Magier als schwarzen Magier entlarven könnte.

Der Schlüssel wird von Dante in seinem Werk mit dem Titel „Die Göttliche Komödie" gegeben.

Dante beschreibt in seinem Inferno den Magier Simon und alle Zauberer, die Dante Simonisten nennt, wie sie in seiner Hölle mit dem Kopf nach hinten gerichtet gehen.

Die schwarze Magie von Simon dem Magier besteht darin, dass er in die Vergangenheit blickte und den Christus und die neue christliche Bewegung nicht akzeptieren wollte. Dies ist eine Rebellion gegen die göttlichen Hierarchien und in der Tat wurde Simon der Magier in die Welt der schwarzen Magie versetzt.

Wer die Lehren von Simon dem Magier aufmerksam studiert, wird feststellen, dass Simon der Magier kein einziges Wort zugunsten von Christus spricht.

Simon, der Magier, sah, dass sich der Funke von der Flamme gelöst hatte, ohne sich an die Worte des göttlichen Rabbi von Galiläa zu erinnern: *Niemand kommt zum Vater, außer durch mich.*

Simon der Magier sah den Vater, der in ihm verborgen war, und wollte ihn in sich selbst verwirklichen, aber er lehnte den Christus ab und verfiel so tatsächlich der schwarzen Magie.

Simon der Magier verfiel aus purem Stolz der schwarzen Magie.

Simon der Magier weigerte sich aus Stolz, den Christus zu akzeptieren.

Etwas Ähnliches geschieht jetzt in diesem zwanzigsten Jahrhundert mit vielen Spiritualisten, die meine Lehren aus purem Stolz nicht akzeptieren wollen.

Diese Art von *Simonisten*-Wesen verfallen aus purem Stolz der schwarzen Magie.

Simon der Magier kannte das Große Arkanum, und er war vollkommen keusch.

Meister Huiracocha zitiert in sein Werk „Die gnostischen Kirche" einen Absatz aus dem Buch „Die Predigt" von Simon dem Magier, der wie folgt lautet:

> Zu euch spreche ich in Metaphern; aber ihr müsst mich verstehen...
> Es gibt zwei Stämme, die weder Anfang noch Ende haben. Beide entstammen einer Wurzel, d.h. der unendlichen Macht, der unsichtbaren Stille. Ein Stamm geht nach oben. Es ist die Macht, das Verständnis des Großen Alles, das alles erreicht, und es ist

> männlich. Der andere geht nach unten. Es ist der große Verstand, es ist der unermüdliche Erzeuger, und er ist weiblich. In der Vereinigung der beiden liegt die Lösung jedes Problems. Die Macht an sich ist gleichzeitig männlich und weiblich.

Simon der Magier war also mit der Sexualalchemie und dem Großen Arkanum bestens vertraut. Aber er verfiel der schwarzen Magie, weil er in die Vergangenheit zurückblickte und Christus nicht akzeptieren wollte.

Der Verstand ist also das gefährlichste Tier des Alchemisten. Hätte Simon der Magier seinen Verstand mit der Peitsche des Willens beherrscht, wäre er nicht in den Abgrund gestürzt.

Der Alchemist, der sich von den Überlegungen des Stolzes seines Verstandes hinreißen lässt, scheitert am Großen Werk und fällt in den Abgrund.

Der Alchemist muss vor den göttlichen Hierarchien sehr demütig sein, damit er bei dem Großen Werk nicht versagt.

Der Verstand muss demütig sein vor den göttlichen Hierarchien. Der Verstand muss ein bescheidenes und einfaches Kind werden. Der Verstand muss demütig werden vor der Majestät des Innersten.

Es ist unmöglich, zum Vater aufzusteigen, ohne das goldene Kind der sexuellen Alchemie zu erarbeiten. Dieses goldene Kind ist der innere Christus. Wir müssen Christus in uns erschaffen, um zum Vater aufsteigen zu können.

Bei unserer Arbeit mit dem gesegneten Stein gibt es sehr subtile Gefahren, die der Alchemist mutig abwenden muss.

In der geistigen Welt gibt es schwarze Magier, die wie Adepten der Weißen Bruderschaft aussehen. Diese schwarzen Magier haben eine erhabene Ausstrahlung und eine erlesene spirituelle Kultur. Wenn diese Magier sprechen, sprechen sie nur von Liebe, von Licht, von Wahrheit und Gerechtigkeit. Sie scheinen unaussprechliche Wesen zu sein, und wir erfahren erst dann, dass sie schwarze Magier sind, wenn sie uns in sehr feinen und zarten Tönen zum Samenerguss raten. Wenn wir in diesem Moment vor ihnen ausrufen: *Es lebe der Christus, nieder mit Jahweh*, dann werden wir sehen, wie sie sich im Zorn gegen uns erheben, um uns aus ihren Räumen zu vertreiben.

All diese Brüder des Schattens raten zur Samenejakulation und hassen die christliche Kraft. Die Täuschungen des Bösen sind so subtil, dass der Schüler seine Augen immer weit öffnen und wachsam sein muss, wie ein Wächter in Kriegszeiten.

Es gibt Adepten des Schattens, die sich uns in den inneren Welten als Mahatmas verkleidet präsentieren, um uns zu sagen, dass wir bereits gefallen sind, dass wir in unserer Sehnsucht nach dem Licht bereits versagt haben, dass wir unsere erworbenen Grade bereits verloren haben, usw. usw. usw.

Wenn der Schüler also in diese Falle geht, fällt er unweigerlich in den Abgrund. Der Verstand darf nicht denken. Der Verstand muss ganzheitlich fließen, ohne den Kampf der Gegensätze, der Verstand muss ein flexibles und zartes Instrument werden, durch das sich die Majestät des Innersten ausdrücken kann.

Der Stolz ließ Simon den Magier in den Abgrund der schwarzen Magie stürzen.

> Als Simon sah, dass durch die Handauflegung der Apostel der Geist verliehen wurde, bot er ihnen Geld an.
>
> Und sagte: *Gebt auch mir diese Gewalt, damit jeder, dem ich die Hände auflege, den Heiligen Geist empfange."*
>
> Petrus aber sprach zu ihm: *Dein Geld fahre mit dir ins Verderben, weil du meintest, die Gabe Gottes für Geld zu erwerben.*
>
> *Du hast nicht Anteil und nicht Anrecht an dieser Botschaft; denn dein Herz ist nicht aufrichtig vor Gott.*
>
> *Bekehre dich also von dieser deiner Bosheit und bete zum Herrn, ob dir vielleicht vergeben werde das Ansinnen deines Herzens.*
>
> *Denn ich sehe dich voll bitterer Galle und von den Banden der Ungerechtigkeit umstrickt.*
>
> Da antwortete Simon: *Betet doch ihr für mich zum Herrn, dass nichts von dem, was ihr gesagt habt, über mich komme!* (Apg. 8:18 – 24)

Mit diesen Versen aus der Heiligen Schrift ist unsere Behauptung, dass Simon der Magier ein sehr gefährlicher schwarzer Magier ist, absolut bewiesen.

Die Halle von Maat

> Heil dir, Phallus des Ra, der du von deinem Unheil abweichst, das durch Widerstand entsteht.
>
> Der Himmel steht seit Millionen Jahren still.
>
> Ich bin stärker als die Starken, stärker als die Mächtigen.
>
> Der Phallus von Ra und das Haupt von Osiris werden verschlungen werden, wenn ich wegsegle oder wenn ich nach Osten geschleppt werde, durch die beiden Hörner, oder wie andere sagen, wenn etwas Böses auf dem Fest der Dämonen mir widerfährt. (Kapitel XCII, Um im Jenseits nicht nach Osten segeln zu müssen, Buch der Toten)

Wenn der Phallus von Ra sich vom Unglück, das aus dem Widerstand geboren wurde, entfernt, dann werden wir von den vier Körpern der Sünde befreit und treten in die unbeschreibliche Glückseligkeit von Nirvana ein.

Aber der Phallus von Ra und das Haupt von Osiris würden ihre Macht verlieren, wenn wir etwas tun würden, wenn wir mit den Bacchanalen der Dämonen Unzucht treiben würden.

Wenn der Mensch von den vier Körpern der Sünde befreit ist, betritt er die Halle der doppelten Maat. Der Name dieses Raums ist Gerechtigkeit und Wahrheit.

Im oberen Bereich der Tür von Maat befindet sich eine Inschrift, die lautet: *Herr von Maat auf seinen zwei Füßen.* Im unteren Bereich steht: *Herr der doppelten Kraft, Bändiger des Viehs.*

Derjenige, der sich von den vier Leibern der Sünde befreit, ist ein Herrscher des kosmischen Verstandes und ein Herr der doppelten Lebenskraft, der Bändiger der sterblichen Feinde.

Kurz gesagt, diese Tür heißt: *Zerstörer des Gottes Shu.* Dieser Gott ist unsere niedere Persönlichkeit, die sterben muss, damit der innere Gott verherrlicht werden kann. Wenn der Mensch von den vier Körpern der Sünde befreit ist, betritt er den gesegneten Schoß der Göttin Mutter der Welt.

> Herrin des Schreckens, mit hohen Mauern, mächtige Herrin, die Herrin des Verderbens, die die Welten ordnet, die den Wirbelwind und den Sturm vertreibt, die den, der auf dem Weg reist, vor dem Verderben rettet.
>
> Herrin der Pylonen, der reichlich Opfergaben dargebracht werden, Spenderin von allem, Lenkerin der Opfergaben, die die Götter zufriedenstellt und den Tag bestimmt, an dem das Boot Neshmet nach Abtu ausläuft.
>
> Sie, die mit den Messern siegt, Herrin der zwei Länder, die die Feinde des stillen Herzens vernichtet und beschließt, dass die Bedürftigen vor schlimmen Ereignissen gerettet werden.
>
> Herrin der Pracht, Gepriesene, Erhabene, Neb-Er-Tchert, zu der man fleht und zu der niemand vordringt...
>
> Herrin, die zahlreiche Bitten empfängt ... deren Maße von Höhe und Breite unbekannt sind; göttliches Abbild, Stärke der Nacht, geboren in der Gegenwart des ruhigen Herzens.
>
> Die Flut, die den Schwachen kleidet, die um das trauert, was er liebt, und den Leichnam verhüllt.
>
> Diejenige, die ihrem Herrn gehört, mächtige und gnädige Göttin, Herrin, die die Erde durchquert, deren Kopf Millionen von Ellen breit und hoch ist.
>
> Unauslöschliche und blitzende Flamme der Flamme von Horus, die ständig andauert, ausgestattet mit feurigen Flammen, die nach Zerstörung lechzen, unwiderstehlich und unüberwindlich wegen des Verbrannten.
>
> Du mit den prächtigen Toren, die die Weinenden aufrichtest, und die du furchterregend bist.
>
> Sie der zahlreichen Hekatomben, die die niederträchtigen Feinde verbrennt, die Herrin aller Pylonen, die am Tag bejubelt wird, an dem die Ungerechtigkeit erhört wird.
>
> Sie, die durch beide Länder reist, Zerstörerin derer, die mit Blitz und Feuer erscheinen, strahlende Herrin, die jeden Tag auf das Wort ihres Herrn hört.

Wenn die Versammlung der Götter vorrückt, erheben sie ihre Hände vor ihre Gesichter als Zeichen der Anbetung und die Abgründe des Wassers leuchten wegen derer, die sie bewohnen.

Mächtige der Seelen, Rothaarige, Aakhabit, die bei Nacht hervorkommt und die Perversen in ihren geschaffenen Formen vernichtet, deren Hände das Herz im richtigen Augenblick beruhigen; diejenige, die hervorkommt und geht.

Mutige Herrin, Vernichterin der Roten, die die Feste von Haker feiert, in denen das Feuer des Tages der Anhörung der unheilvollen Fälle gelöscht wird.

Herrin des Triumphes, deren rechte Hand die Bösen verfolgt, sie der lodernden Flammen, wenn sie erscheint, Schöpferin der Mysterien der Erde.

Mächtige am Horizont, Herrin der Roten, Zerstörung im Blut, Aakhabit, Macht, Herrin der Flamme.

Sie, die die Flammen liebt, Reine, sie, die ... hört, sie, die es liebt, die Verehrten zu enthaupten, Seele des Großen Hauses, Zerstörerin der Bösen bei Einbruch der Nacht.

Verteilerin im Palast, die Mächtige der Flammen, Herrin der Lebenskraft und der Schriften des Ptah.

Stein ihres Herrn, Feld mit einer bekleidenden Schlange, was sie erschafft, ist verborgen, die sich der Herzen bemächtigt, die sich selbst öffnet.

Schwert, das schneidet, wenn man seinen Namen ausspricht, Göttin mit rückwärts gewandtem Gesicht, Unbekannte, Bezwingerin derer, die sich ihrer Flamme nähern. (Buch der Toten).

Diese gesegnete Göttin ist Isis, die Mutter der Welt. Sie ist die Göttin der Natur. Die gesamte unermessliche Natur ist der gesegnete Körper dieser Muttergöttin der Welt.

Wenn der Alchemist sich von den vier Körpern der Sünde befreit hat, gelangt er in den Schoß der gesegneten Mutter Göttin der Welt.

Das negative Geständnis, das der Verstorbene vor den zweiundvierzig Göttern in der Halle des doppelten Maat rezitiert, steht für alle Vollkommenheiten, die der Alchemist erlangen muss, um sich von den vier Körpern der Sünde zu befreien.

Die Ansprache an die Götter der Unterwelt, wie sie im Buch der Toten enthalten ist, enthält die gesamte Esoterik der vierten großen Einweihung der großen Mysterien.

Der Verstorbene, der vor den zweiundvierzig Richtern steht, ist derjenige, der stirbt, um zu leben, der für die Welt stirbt, um für Gott zu leben.

Aus dem Mentalkörper extrahieren wir mithilfe der Sexualalchemie den christifizierten Mentalkörper. Deshalb darf der Alchemist kein Sklave des Verstandes sein. Aus dem mentalen Körper extrahieren wir die Schöne Helena, den göttlichen Mentalkörper.

Wir werden das negative Geständnis, wie es im Totenbuch steht, wiedergeben.

> Der siegreiche Schreiber Nebseni sagt:
>
> Oh du, der du mit den langen Schritten aus Annu hervorgehst: Ich habe keine Ungerechtigkeit begangen.
>
> Oh du, der du von der Flamme umhüllt bist, du kommst aus Kher-ah: Ich habe nie Gewalttaten verübt.
>
> Oh du, göttliche Nase, die du aus Khemennu kommst: Ich habe nie Menschen misshandelt.
>
> Oh du, Verschlinger der Schatten, der du von der Geburtsstätte des Nils herkommst: Ich habe nicht gestohlen.
>
> Oh du, Nen-hau, der du aus Re-stau kommst: Ich habe weder Mann noch Frau getötet.
>
> Oh du, doppelter göttlicher Löwe, der du vom Himmel kommst: Ich habe nicht betrogen beim Gewicht.
>
> Oh du, mit den steinernen Augen, der aus Sekhem hervorgeht: Ich habe nicht Betrug verübt.
>
> Oh du, Flamme, die hervorkommt, wenn du zurückgehst: Ich habe nicht die Dinge geraubt, die Gott gehören.
>
> Oh du, Knochenbrecher, der du aus Suten-henen kommst: Ich habe nicht gelogen.
>
> Oh du, der du die Flamme erweckst und der du aus Het-ka Ptah kommst: Ich habe keine Nahrung geraubt.
>
> Oh du, Qerti, der du aus Amentet kommst: Ich habe keine schlechten Worte gesprochen.

Oh du, dessen Zähne glänzen, der du aus Ta-she kommst: Ich habe keinen Menschen angegriffen.

Oh du, der du Blut verzehrst, der du aus dem Haus der Sterblichkeit kommst: Ich habe die Tiere nicht getötet, die Gott gehören.

Oh du, Verzehrer der Eingeweide, der du aus der Mabet-Kammer kommst: Ich war kein Betrüger.

Oh du, Gott der Wahrheit und der Gerechtigkeit, der du aus der Stadt der doppelten Maat kommst: Ich habe die bestellten Felder nicht verwüstet.

Oh du, der du rückwärts schreitest und aus der Stadt Bast kommst: Ich habe mich nicht täuschend in Angelegenheiten eingemischt.

Oh du, Aatí, der du aus Annu kommst: Ich habe meine Lippen nicht gegen die Sterblichen bewegt.

Oh du, der du doppelt böse bist, der du in Ati erscheinst: Ich war nie ohne Grund verärgert.

Oh du, Schlange Uamenti, die du aus dem Haus der Unsterblichkeit kommst: Ich habe nie die Frau eines Mannes geschändet.

Oh du, Beobachter dessen, was dargebracht wird, du, der du aus dem Amsu-Tempel kommst: Ich habe mich nicht gegen die Reinheit versündigt.

Oh du, Oberster der göttlichen Fürsten, der du aus der Stadt Nehatu kommst, ich habe den Menschen keine Angst gemacht.

Oh du, Khemi, der du aus dem See Kaui kommst: Ich habe die heiligen Zeiten nicht missachtet.

Oh du, der du über die Sprache bestimmst und der du aus Urit kommst: Ich war nicht jähzornig.

Oh du, Kind, das du aus Heq-at gekommen bist: Ich habe das Recht und die gerechten Worte nicht missachtet.

Oh du, der du die Sprache beherrscht, der du aus der Stadt Unes kommst: Ich habe keinen Streit gesucht.

Oh du, Bastí, der du aus der geheimen Stadt kommst: Ich habe keinen Menschen zum Weinen gebracht.

Oh du, dessen Gesicht rückwärts gewandt ist, der du aus der verborgenen Stätte kommst: Ich habe keine unreinen Taten begangen, noch habe ich bei Männern gelegen.

Oh du, feuriges Bein, der du aus Akhekhu kommst; der Zorn hat mein Herz nicht verschlungen.

Oh du, Kememti, der du aus der Stadt Kenemet kommst: Ich habe nie einen Menschen beleidigt.

Oh du, Opferbringer, der du aus der Stadt Sau kommst: Ich habe mich nicht gewalttätig verhalten.

Oh du, Gott der Gesichter, der du aus der Stadt Tchepheth kommst: Ich habe nicht voreilig geurteilt.

Oh du, der du Wissen bringst, der du aus Unth kommst: Ich habe nicht ... noch habe ich mich an Gott gerächt.
Oh du, Herr der zwei Hörner, der du aus Satiu kommst: Ich habe nicht grundlos gesprochen.

Oh du, Nefer-Tem, der du aus Het-ka-Ptah kommst: Ich habe nicht mit Arglist gehandelt.

Oh du, Tem-Sep, der du aus Tattu kommst: Ich habe nicht geflucht.

Oh du, dessen Herz lebendig ist, der du aus der Stadt Tebti kommst: Ich habe das Wasser nicht verunreinigt.

Oh du, Ahi aus dem Wasser, der du aus Nú kommst: Meine Stimme war nicht hochmütig.

Oh du, Herrscher der Menschheit, der du von Sau kommst: Ich habe nicht gegen Gott gelästert.

Oh du, Neheb-nefert, der du aus dem See von Nefer kommst: Ich habe mich nicht anmaßend verhalten.

Oh du, Neheb kau, der du aus deiner Stadt kommst: Ich begehrte keine Auszeichnungen.

Oh du, Heiliger, der du aus deinen Gemächern hervorkommst: Ich habe meinen Reichtum nicht vermehrt, außer mit dem, was mir in der Gerechtigkeit gehört.
Oh du, Träger deines eigenen Arms, der du aus Aukert kommst: Ich habe nicht mit Verachtung an den Gott meiner Stadt gedacht.

Verändere die Natur und du wirst finden, was du suchst

Arnaldo de Villanueva, Albertus Magnus, Raimund Lull und viele andere Alchemisten bezeichnen das Sperma oder den Samen als Quecksilber.

Es gibt nur eine einzige Materie, die als Grundlage für das große Werk des Vaters dient. Dieses Rohmaterial des Großen Werkes ist das Sperma, das von allen Alchemisten Quecksilber genannt wird. Quecksilber ist das verdampfte Sperma aller Metalle.

Arnaldo de Villanueva sagt, dass Quecksilber je nach dem Grad der Schwefelung die verschiedenen Metalle im Schoß der Erde erzeugt.

So kommt es, dass Quecksilber je nach Grad der Verdampfung die verschiedenen metallischen Formen ummantelt.

Tatsächlich kann jedes Ding in seine Bestandteile zerlegt werden. Mithilfe der Wärme können wir Eis in Wasser umwandeln, denn Wasser ist das Element des Eises.

So können alle Metalle auf der Erde in Quecksilber zerlegt werden, denn Quecksilber ist das Rohmaterial aller Metalle. Dieses Quecksilber ist der spermatische Samen, in den alle Metalle zerlegt werden können, denn es ist das Element, aus dem alle Dinge entstehen.

Der Mensch kann in Samen zerlegt werden, denn das ist das Element, aus dem er hervorgegangen ist, und jedes Ding kann in die Elemente zerlegt werden, aus denen es zusammengesetzt ist.

Bevor Metalle umgewandelt werden können, müssen sie zunächst zu ihrem Rohmaterial reduziert werden. Auch der Mensch muss, bevor er von seinen Sünden erlöst werden und in das Himmelreich eingehen kann, zunächst auf sein Rohmaterial reduziert und dann in den himmlischen Menschen umgewandelt werden, von dem der heilige Paulus spricht.

Wenn ich zum Beispiel eine Statue habe und dieser Statue eine völlig neue Form geben will, muss ich diese Statue zunächst auf ihr Rohmaterial reduzieren, sie in die Elemente zerlegen, aus denen sie zusammengesetzt ist. Aus diesem Rohmaterial stelle ich dann die Statue in einer völlig neuen und ganz anderen Form her.

Wenn wir uns also in himmlische Menschen, in Meister der Weisheit verwandeln wollen, müssen wir uns auf das Sperma reduzieren, aus dem wir entstanden sind, um den inneren Christus, das goldene Kind der sexuellen Alchemie, zu entwickeln.

Ändere die Natur und du wirst finden, was du suchst.

Die Alchemisten haben gesagt, dass unser gesegneter Stein aus Körper, Seele und Geist besteht, und so ist es auch. Unser unvollkommener Körper ist unser individueller Planet. Die Seele ist die Hefe der Alchemie, denn bei der Ausübung der Sexualmagie dringen wir in Welten der Dunkelheit und des Lichts ein, in Welten des Feuers und der Leidenschaft, aus denen wir das Licht des Geistes ziehen sollen.

Es ist notwendig, das Feine vom Groben und das Trockene vom Nassen zu trennen, d. h. die Wasser von den Wassern zu trennen, damit das Trockene zum Vorschein kommt. Dieses *Trockene* ist unsere göttliche Erde, unser inneres Universum, geschöpft aus den Wassern des Lebens.

Der Geist wird zum Körper, und der Körper wird zum Geist. Damit ist gemeint, dass das Sperma in Geist umgewandelt wird und dass der Geist besamt wird.

Die ganze Weisheit des Feuers wird mit dem Wasser des Vaters verwirklicht. Dieses heilige Wasser löst alle Metalle der Erde auf, löst alle Metalle des menschlichen Universums auf, kalziniert und reduziert alle Dinge auf ihre ursprünglichen Elemente, um sie wieder in vollkommenere, reinere und unbeschreibliche Formen zu bringen. Dieses göttliche Wasser reinigt und macht alle Dinge weiß.

Azoth und Feuer reinigen das Messing, d.h. sie reinigen es und befreien es vollkommen von seiner Schwärze. (Semita Semitae, von Villanueva).

Das Wasser unseres Chaos vereint die unterschiedlichsten Prinzipien, sofern sie zunächst im Samen, also im Wasser, aus dem sie entstehen, aufgelöst wurden. Diese chaotische Vereinigung ist auf ewig untrennbar.

Christus, der göttliche Rabbi aus Galiläa, hat uns als erstes gelehrt, Wasser in Wein zu verwandeln. Die erste Lehre unseres göttlichen Meisters war die sexuelle Alchemie. Christus verwandelte beim Hochzeitsmahl in Kanaan Wasser in Wein.

Als der Göttliche Meister den Pfad der Einweihung für alle Menschen öffnete, war die erste Lehre, die er uns gab, die der sexuellen Alchemie. Es ist notwendig, das Wasser in den Wein des Lichts des Alchemisten umzuwandeln, um uns selbst als Meister des Mahamanvantara zu verwirklichen.

In diesen Zeiten des Theosophismus, Rosenkreuzertums, Parsivalismus, Pseudo-Rosenkreuzertums usw. ist viel von sexueller Sublimierung die Rede, und die unerfahrenen Unwissenden glauben, dass Sublimierung gleichbedeutend mit Erhebung ist.

Diese Leute wollen unreine Kräfte sublimieren, ohne sie vorher auf das Rohmaterial des Großen Werkes zu reduzieren.

Deshalb sind all die puritanischen Spiritisten, die am Tisch der Isebel essen und sich von Götzenopfern ernähren, gescheitert.

Wenn wir unsere sexuellen Kräfte umwandeln oder sublimieren wollen, müssen wir zunächst keusch sein und keinen einzigen Tropfen Sperma verschütten. Wir müssen alle Elemente auf ihr Rohmaterial reduzieren und sie dann umwandeln.

Wenn wir unsere niederen Leidenschaften sublimieren wollen, müssen wir zuerst keusch sein, um all unsere Metalle zu chaotischem Samen zu reduzieren, und sie dann in den inneren Christus, in das Kind von Bethlehem, in das goldene Kind der sexuellen Alchemie umzuwandeln.

Kein Unzüchtiger kann seine niedere Persönlichkeit in das Gold des Geistes umwandeln. Kein Unzüchtiger kann seine sündige Persönlichkeit in einen himmlischen Menschen umwandeln. Deshalb haben all die Unzüchtigen, all die Unbeschnittenen, all die Satyrn des Spiritismus versagt.

Man kann sublimieren, man kann nicht umwandeln, ohne zuvor unsere alte Persönlichkeit auf den Samen zu reduzieren, aus dem sie entstanden ist.

Ändere die Natur, und du wirst finden, was du suchst.

Unser Wasser stärkt, macht weiß, reinigt und schenkt Leben. Unser Wasser wird erst schwarz, dann rot und verwandelt sich dann in verschiedene Farben.

Und also ist offenbar, dass unser Magisterium von einem gemacht und besteht aus vieren und aus drei sind in einem. (Semita Semitae, bie Villanueva). – Das heißt, die Weisheit wird dem Menschen entnommen, sie setzt sich aus den vier Elementen zusammen, und der Körper, die Seele und der Geist werden alle auf das Sperma reduziert.

Unser gesegneter Stein ist körperlich und geistig. Unser gesegneter Stein ist in seiner Substanz spirituell, und der Geist in ihm ist durch die Vereinigung mit dem Körper körperlich geworden.

Die einen nennen es Hefe, die anderen Bronze. (Arnaldo de Villanueva)

Morienus sagt: *Die Wissenschaft unserer Weisheit ist völlig vergleichbar mit der Zeugung des Menschen. Erstens: der Beischlaf. Zweitens: die Empfängnis. Drittens: die Imbibition. Viertens: die Geburt. Fünftens: die Ernährung.*

Unser Sperma verbindet sich mit unserem Organismus, den mittelalterliche Alchemisten „Mutter Erde" nennen, und diese Vereinigung des Samens wird in der Sexualalchemie als Koitus bezeichnet. Diese Vereinigung des Samens mit unserem Organismus ist der Koitus des Alchemisten. Diese sexuelle Transmutation während der Trance der Sexualmagie, bei der der Samen in den Kelch des Gehirns aufsteigt, anstatt ihn zu verschütten, ist der Koitus der mittelalterlichen Alchemisten.

Mechardus sagte: *Wenn unser Stein nicht in den Schoß der Frau gelegt wird, damit er genährt wird, wird er nicht wachsen.*

Nun, dieser weibliche Schoß, von der Mechardus spricht, ist unsere Mutter Erde, unser eigener menschlicher Organismus. Wenn wir diesen Stein aus unserer göttlichen Matrix werfen würden, könnten wir zwar Menschen zeugen, die dem Tod geweiht sind, aber nicht den König mit dem roten Diadem, den Sonnenkönig der sexuellen Alchemie.

Wenn unser Körper seine Spermien zurückbehält, spricht man davon, dass eine Empfängnis stattgefunden hat.

Wenn wir behaupten, dass der Mann auf die Frau einwirken muss, meinen wir damit den sexuellen Kontakt mit der Frau und die Wirkung des Samens auf der Erde, das heißt, er verwandelt sich in unserem eigenen organischen Laboratorium in Licht und Feuer.

Unser Magisterium ist also männlich und weiblich zugleich.

Wenn die sexuellen Säfte von unseren Organismen assimiliert werden, nachdem wir uns von der Frau zurückgezogen haben, sprechen wir von Imbibition. Dann koaguliert das Ferment in unserem unvollkommenen Körper, und dann sagen wir, dass es eine Empfängnis gibt. Dann folgt die Geburt unseres Königs.

Die Philosophen sagen:

> Ehrt unseren König, der aus dem Feuer kommt, gekrönt mit einem Diadem aus Gold, gehorcht ihm, bis er das Alter der Vollkommenheit erreicht hat, ernährt ihn, bis er groß ist. Sein Vater ist die Sonne, seine Mutter ist der Mond; der Mond ist der unvollkommene Körper. Die Sonne ist der vollkommene Körper.

Schließlich kommt die Nahrung. Der Sonnenkönig ernährt sich von seiner eigenen Milch. Diese Milch ist das Sperma, das ihn hervorgebracht hat. Je besser er ernährt wird, desto besser, denn dann wächst er schnell und wird kräftig und widerstandsfähig.

Also: *Ändere die Natur und du wirst finden, was du suchst.*

Donum Die, 17 Jh.

Salz, Schwefel und Quecksilber

Salz ist die Substanz der Dinge und das feste Prinzip von allem, was existiert.

Salz wirkt auf Schwefel und Quecksilber, und letztere machen es flüchtig, wie sie es sind. Das Salz wiederum koaguliert und fixiert sie.

Salz, das in einer geeigneten Flüssigkeit gelöst ist, löst feste Dinge auf und verleiht ihnen Konsistenz.

Salz verleiht dem goldenen Kind der sexuellen Alchemie die Form der Vollkommenheit.

Salz löst unsere Metalle auf, um mit ihnen das goldene Kind der Sexualalchemie zu erschaffen.

Das flüchtige Salz bereitet den Kehlkopf auf das goldene Wort vor.

Salz löst und koaguliert alle Dinge.

Erde ist von der Natur des Salzes und löst sich daher im Wasser auf und koaguliert im Wasser.

Die Kontinente kommen aus dem salzigen Wasser des Meeres und kehren ins Meer zurück.

Unsere philosophische Erde, d.h. unser menschlicher Körper, muss auf die seminalen Salze reduziert werden, um mit diesen Salzen das goldene Kind der sexuellen Alchemie zu erarbeiten.

Schwefel ist ein fettiger und öliger Stoff, der Salz und Quecksilber unlöslich verbindet.

Schwefel hat etwas von der Festigkeit des Salzes und etwas von der Flüchtigkeit des Quecksilbers.

Der Schwefel koaguliert das durch das Salz fest gebundene Quecksilber.

Quecksilber ist ein spirituelles Fluidum, leicht und selten.

Quecksilber ist der fliegende Adler der Philosophie.

Quecksilber ist unser Chaos.

Quecksilber ist das Sperma.

Salz ist in Urin und Schweiß enthalten. Schwefel findet sich reichlich im Fett und in den Achselhöhlen. Quecksilber ist im Blut, Knochenmark, Kammerwasser, in den Knochen, Muskeln usw.

Arten von Salz

Es gibt zwei Arten von Salz, eine männliche und eine weibliche.

Das männliche Salz schädigt den menschlichen Organismus, wenn es im Übermaß verwendet wird. Weibliches Salz ist nützlich und gesund.

Das männliche Salz ist das Meersalz. Das weibliche Salz ist Steinsalz, Salz aus den Salzbergwerken.

Der Alchemist sollte weibliches Salz bevorzugen.

Es gibt zwölf Grundsalze, die von den Sternzeichen regiert werden. Wenn diese zwölf Salze des Tierkreises in unserem menschlichen Organismus nicht im Gleichgewicht sind, dann entstehen Krankheiten.

Die zwölf Salze des Tierkreises geben den zwölf Körpern, die von den Bewohnern der Nebel aus Feuer benutzt werden, die Form der Vollkommenheit.

Die zwölf Salze des Tierkreises verwandeln den Menschen in einen prächtigen Tierkreis.

Alles, was eine dichte oder sehr feinstoffliche Form hat, ist auf Salz zurückzuführen. Ohne Salz könnten die Formen nicht existieren. Wir sollten jedoch das Salz in seiner unterschwelligen Quintessenz schätzen, die mit dem Mikroskop nicht wahrnehmbar ist, aber für den Hellsichtigen deutlich sichtbar ist.

Ein eingehendes Studium der zwölf Tierkreis-Salze würde uns auf dem Gebiet der Therapeutik sehr weit bringen.

Diese zwölf Salze sind:

Eisenphosphat.

Magnesiumphosphat

Kalziumphosphat

Natriumphosphat

Kaliumphosphat

Natriumchlorid
Kaliumchlorid
Natriumsulfat
Kaliumsulfat
Calciumsulfat
Calciumfluorid
Kieselsäure

Gold und Quecksilber

Totes Gold ist nutzlos. Es ist notwendig, ihm Leben einzuhauchen. So wie die Sonne den Planeten ihr Licht schenkt, so kann Gold alle unsere unvollkommenen Metalle umwandeln.

Totes Gold ist jedoch unbrauchbar, es muss belebt, es muss in seinen weiblichen Zustand, d.h. in sein Rohmaterial (prima materia) zurückversetzt werden und der Weg der Regeneration muss durch Umkehrung wiederhergestellt werden.

Das spirituelle Gold ist das Heilige Feuer, das unaussprechliche Pleroma des Geistes. Anstatt dieses spirituelle Gold auszustoßen, muss es durch die beiden Ganglienstränge erhoben werden, um die Regeneration des Seins zu bewirken.

Auf diese Weise beleben wir das tote Gold, führen es in sein Rohmaterial zurück und verwandeln es in flüchtiges und spirituelles Gold.

Flüchtiges Gold ist die perfekte Medizin.

Das flüchtige Gold ist das Feuer von Kundalini.

Gold hat eine Affinität zu Merkur, beide sind unvergänglich und vollkommen.

Die niederen Metalle sind Blei und Zinn, welche weich sind, und Eisen und Kupfer, welche hart sind. All diese Metalle unserer menschlichen Persönlichkeit werden mit den Pulvern der Projektion in flüchtiges Gold umgewandelt. Diese Pulver sind die weißen und roten Elixiere der Sexualalchemie (siehe Kapitel „Das weiße und das rote Elixier“).

Im Gold befindet sich die Quadratur des Kreises. Quecksilber und Gold, untrennbar miteinander verbunden, bilden das Chaos. Das Gold befruchtet das Quecksilber, damit die Schöpfung entsteht.

Eins plus zwei ist gleich drei. Der Vater und die Mutter vereinen sich, damit ein Kind geboren werden kann, und die Familie zusammen ist die vier. Das ist die Quadratur des Kreises.

Die Quadratur des Kreises ist also im flüchtigen Gold eingeschlossen.

Das trinkbare Gold ist dasselbe wie das flüchtige Gold. Dieses flüchtige Gold ist das Heilige Feuer der Sexualität.

Quecksilber verwandelt sich in flüchtiges Gold. Gold ist letztendlich das perfekte Quecksilber.

Quecksilber ist das Wasser des Chaos, es ist der christonische Samen, der in das lebendige Gold des Geistes umgewandelt wird.

Nach Avicenna können Metalle nicht in Gold umgewandelt werden, ohne dass sie vorher auf ihr Rohmaterial reduziert worden sind.

Das Rohmaterial des Großen Werkes ist das Quecksilber der geheimen Philosophie. Dieses Quecksilber ist unser eigener christonischer Samen.

Die Sonne ist der Vater aller Metalle, der Mond ist die Mutter. Von der sexuellen Vereinigung der beiden hängt das ganze Magisterium des Feuers ab.

Die Sonne ist der Mann, der Mond ist die Frau: Von der sexuellen Vereinigung der beiden hängt das ganze Magisterium des Feuers ab.

Mann und Frau sind der Vater und die Mutter all der Metalle unserer Persönlichkeit, die wir in das reine Gold des Geistes umwandeln müssen.

Wir dürfen jedoch nicht im Magisterium des Feuers arbeiten, wenn wir vorher nicht alle unsere Metalle auf das Rohmaterial des Großen Werkes reduziert haben. Damit meinen wir, dass wir alle Arten von Theosophismus, Rosenkreuzertum, Spiritualismus, usw. beiseite lassen und vollständig verstehen müssen, was das Quecksilber der geheimen Philosophie ist.

Raimund Lull sagt in seiner Clavicula:

> Aus diesem Grund rate ich euch, nicht mit Sonne und Mond zu arbeiten, bevor ihr sie nicht zu ihrem Rohmaterial umgewandelt habt, was der Schwefel und das Quecksilber der Philosophen ist.

Mit anderen Worten bedeutet dies: Du sollst nicht Unzucht treiben. Wir müssen unseren gesamten christonischen Samen ansammeln, um ihn in das lebendige Feuer des Geistes umzuwandeln. Wir müssen alle unsere Metalle auf dieses Quecksilber der geheimen Philosophie zurückführen. Der Gnostiker vereint sich nur mit seiner Frau, um mit dem Rohmaterial des Großen Werkes zu arbeiten.

Raimund Lull sagt:

> O meine Kinder! Lernt diese ehrwürdige Materie zu nutzen, denn ich warne und schwöre euch, wenn ihr das Quecksilber nicht aus diesen beiden Metallen herausholt, werdet ihr wie Blinde in Dunkelheit und Zweifel arbeiten. Deshalb, meine Kinder! Ich beschwöre euch, geht mit offenen Augen zum Licht und fallt nicht wie Blinde in den Abgrund des Verderbens.

Deshalb, meine gnostischen Brüder, beachtet das sechste Gebot des Gesetzes Gottes, das besagt: *Du sollst nicht Unzucht treiben.*

Lernt die ehrwürdige Materie unseres Christonischen Samens zu beherrschen. Schöpfe aus der Sonne und dem Mond, also vom Mann und der Frau dieser beiden Metalle, das Quecksilber der geheimen Philosophie.

Arbeitet mit diesem Quecksilber und *lernt es zu nutzen, damit ihr mit offenen Augen ins Licht geht und nicht wie Blinde in die Grube des Verderbens fallt.*

So werdet ihr den mit dem roten Diadem gekrönten König erschaffen, den Meister der metallischen Umwandlungen.

Dies ist der Phönix, der aus seiner eigenen Asche aufersteht. Das ist der Salamander, der im Feuer lebt. Das ist das universelle Chamäleon, das sich in unzählige Farben kleidet. Manchmal ist es schwarz, manchmal rot, manchmal weiß, oder verschiedenfarbig.

Unser Quecksilber wird schwarz, rot, weiß und kleidet sich in tausend wechselnde Farben, die in den wechselnden Atmosphären des Alchemisten zu beobachten sind.

Wir müssen kochen, kochen und noch mal kochen und nicht müde werden.

Auf diese Weise verwandeln wir Quecksilber in trinkbares Gold.

So erschaffen wir die Verbindung des Kreuzes mit dem Dreieck.

Der Behälter muss fest verschlossen sein, damit nicht ein einziger Tropfen unseres philosophischen Quecksilbers entweichen kann.

Wird der Weizensamen während des Prozesses der Fäulnis aus dem Boden gezogen, keimt die Ähre nicht, und der Samen stirbt ab. So darf auch unsere Saat nicht aus unserem philosophischen Boden gerissen oder entwurzelt werden, denn dann würde die Saat verloren gehen und die Universen würden nicht gedeihen, und wir würden im Großen Werk scheitern.

Auf die Erzeugung folgt immer die Erneuerung, also das Keimen oder Wachstum unserer Teile des Seins.

Wir müssen also das tote Gold in seinen weiblichen Zustand, das Rohmaterial, zurückversetzen und durch Umkehrung, d. h. durch Transmutation, den Weg der Regeneration, wiederherstellen.

So verwandeln wir totes Gold in lebendiges Gold. Wichtig ist, dass wir die Saat nicht aus unserem philosophischen Boden reißen.

Das Gold und die Sonne besitzen alle Tugenden des Universums.

Vergesst nicht, liebe Gnostiker, dass unser philosophischer Boden unser eigener menschlicher Organismus ist. Reißt die ewigen Samen nicht aus dem philosophischen Boden.

Die zwei Arten von Quecksilber

Im sechsten Kapitel haben wir die weißen und roten Elixiere in ihren tiefsten Aspekten erörtert.

In diesem Kapitel geht es um das Rote Elixier und das Weiße Elixier im Hermaphroditen-Geist, innerhalb des Meisters der metallischen Transmutationen.

Hier studieren wir, wie der Hermaphroditen-Geist Blei in Gold verwandelt.

In diesem neuen Kapitel werden wir nun das Weiße und das Rote Elixier studieren, die wie Sonne und Mond handeln.

Es gibt zwei Arten von Merkur: das männliche Quecksilber und das weibliche Quecksilber. Dies sind das Rote und das Weiße Elixier. Dies sind die Pulver der Projektion, mit denen wir alle unsere Metalle in reines Gold umwandeln.

Das Rote Elixier ist das männliche Quecksilber. Das Weiße Elixier ist das weibliche Quecksilber.

Das gewöhnliche Quecksilber, d.h. das weibliche Quecksilber, kann das Feuer nur mithilfe eines anderen Quecksilbers ertragen, das warm, trocken und bekömmlicher ist als es selbst.

Das männliche Quecksilber wird flüssig, wenn es mit dem weiblichen Quecksilber durch Sexualmagie vermischt wird. Dann vereinen sich die beiden Quecksilber unauflöslich auf untrennbare Weise, so wie sich Wasser mit Wasser vermischt.

Das männliche Quecksilber nimmt dem weiblichen Quecksilber seine Trägheit und seine lunare Kälte und färbt es erst schwarz, dann rot, dann weiß und in verschiedenen Farben. Auf diese Weise verwandelt die Frau ihre Metalle in reines Gold - durch sexuellen Kontakt mit dem Mann.

Unser Quecksilber hat nach seinen ständigen Umwandlungen die Kraft, unsere Metalle in reines Gold zu verwandeln.

Die beiden Elixiere, Weiß und Rot, sind die beiden Quecksilber, mit denen wir alle Metalle unserer Persönlichkeit in das reine Gold des Geistes umwandeln.

Der Mann ist die Sonne und die Frau ist der Mond. Wir sollten erst dann mit der Sonne und dem Mond arbeiten, wenn wir sie in das Quecksilber der Philosophie zurückgeführt haben.

Nehmen wir das Quecksilber aus der Sonne und dem Mond, um mit dieser ehrwürdigen Materie am Großen Werk zu arbeiten.

Die Sonne und der Mond müssen auf das Rohmaterial des Großen Werkes zurückgeführt werden, um aus diesem Rohmaterial den mit dem roten Diadem gekrönten König zu erschaffen.

Das männliche Quecksilber muss mit der Sonne und das weibliche Quecksilber mit dem Mond vereinigt werden.

Dies ist jedoch nur möglich, wenn man diese beiden Quecksilber auf Sonne und Mond reduziert. Diese Reduzierung wird durch die liebevolle Vereinigung von Mann und Frau erreicht.

Wenn wir den Mann auf die Sonne und die Frau auf den Mond reduziert haben, können wir die Verbindung in die Elemente, aus denen sie zusammengesetzt ist, zerlegen, und mit diesem Rohmaterial können wir dann den himmlischen Menschen erzeugen, den Sonnenkönig, den Meister der weißen Bruderschaft, erfüllt von Herrlichkeit und Macht.

So vereinigt sich unser Quecksilber mit der Sonne und dem Mond, und so werden Sonne und Mond auf den Samen, d.h. das philosophische Quecksilber reduziert.

Quecksilber verbindet sich erst dann unauflöslich mit anderen Körpern, wenn diese sich zu ihrer eigenen Natur erhoben haben.

Erheben wir unser männliches Quecksilber in den solaren Zustand und das weibliche Quecksilber in den lunaren Zustand, sodass die Sonne und der Mond auf Quecksilber reduziert und untrennbar mit ihm vereint werden können.

Wenn wir einen goldenen Ring haben und ihn in ein Kreuz umwandeln wollen, müssen wir zwangsläufig das Gold schmelzen und es auf seinen Rohstoff, das Quecksilber der Philosophie, reduzieren, um aus diesem Rohstoff das goldene Kreuz herzustellen.

So muss sich auch der Mensch auf den Samen reduzieren, der ihn gezeugt hat, um mit diesem Samen den Meister der großen Mysterien der universellen Weißen Bruderschaft zu schaffen.

Jeder andere Weg ist absurd.

Erinnern wir uns, dass die Bibel mit der Genesis beginnt und uns die sexuelle Alchemie lehrt.

Erinnern wir uns daran, dass das erste Wunder, das Christus vollbrachte, auf der Hochzeit von Kanaan geschah.

Der Meister verwandelte Wasser in Wein. Auch wir müssen das Wasser unseres sexuellen Chaos in den Wein des Lichtes des Alchemisten umwandeln.

Die erste Lehre, die Christus uns gab, war die sexuelle Alchemie.

Wenn wir uns die gesamte Schöpfung ansehen, stellen wir fest, dass alle Lebewesen sexuell gezeugt wurden. Wir selbst sind von einem Mann und einer Frau gezeugt worden.

Wenn wir also Meister sein wollen, müssen wir den Meister zeugen, denn alles im Universum ist gezeugt worden.

Das männliche Quecksilber ist aktiv, trocken und warm, während das weibliche Quecksilber feucht und passiv ist wie der Mond. Aber mithilfe des Feuers verbinden sich die beiden Quecksilber untrennbar.

Durch die sexuelle Vereinigung findet die Vereinigung der beiden Quecksilber statt. Das ist das Geheimnis, um die beiden Metalle auf ihr Rohmaterial (prima materia) zu reduzieren.

Wenn die beiden Metalle untrennbar vereint sind, haben sie das Aussehen eines weißen Pulvers und erschaffen Sonnen und Welten in der Unendlichkeit.

Durch die Befruchtung des Chaos entsteht das innere Leben in seiner ganzen Pracht.

Mit einer Unze dieses Projektionspulvers erschaffen wir Millionen von Sonnen wandeln alle Arten von Metall aus derselben Mine in Mond um.

Bei den Projektionspulvern handelt es sich um das Weiße und das Rote Elixier.

Das männliche Quecksilber ist das rote Elixier und das weibliche Quecksilber ist das weiße Elixier. Das Weiße Elixier macht Metalle weiß und verleiht ihnen einen makellosen Weißton. Das Rote Elixier verwandelt Blei in Gold und färbt alle Dinge gelb.

Die Flügel des Merkur erheben uns in die Welt der Götter. Merkur ist der Bote der unaussprechlichen Götter.

Das Quecksilber der geheimen Philosophie macht uns zu dem König, der mit einem roten Diadem gekrönt ist.

Die Verbindung des Kreuzes mit dem Dreieck wird mit dem Quecksilber der geheimen Philosophie realisiert.

Die Flügel des Merkur machen uns zu allmächtigen Göttern des Universums.

Gewinnung von Quecksilber

Das weibliche Quecksilber wird aus dem Mond-Kalk extrahiert.

Man muss lernen, die weiblichen sexuellen Kräfte der Sonne, symbolisiert durch den Adler mit dem Kopf einer Frau.

Man muss lernen, den Mond-Kalk zu bearbeiten, um das gewöhnliche Quecksilber, das weibliche Quecksilber zu extrahieren.

Der Mond-Kalk, getränkt mit reinem Gold-Öl, wird in der Hitze der Sonne getrocknet, um dann in unseren Glaskolben im sexuellen Laboratorium umgewandelt zu werden.

Dieser Mond-Kalk, diese weiblichen sexuellen Prinzipien des Mondes, müssen in unserem biogenetischen Laboratorium weise umgewandelt werden.

Der Mond-Kalk sollte in ein Gefäß aus gut gebrannter Erde gelegt werden. Dieses Gefäß sind unsere eigenen Sexualdrüsen. Dem Mond-Kalk müssen wir Vitriol und Salpeter zugesetzten und ihn unablässig mit einem Stab oder Stock umrühren, bis das vulgäre Quecksilber, das weibliche Quecksilber, das wir für das Große Werk brauchen, aus dem Mond-Kalk extrahiert ist.

Die beiden Arten von Quecksilber, männlich und weiblich, erzeugen das Heilige Feuer.

Die beiden Schlangen, die im Merkurstab zusammengerollt sind, erzeugen, wenn sie im Triveni (Steißbein) in der Sakralregion in Kontakt kommen, das Heilige Feuer.

Es ist jedoch notwendig, das weibliche Quecksilber aus dem Mondkalk herauszuziehen, so dass es durch den linken Ganglienstrang aufsteigt.

Schließlich berühren sich die beiden Quecksilber, die beiden Schlangen des Caduceus des Merkur, mit ihren Schwänzen, um Kundalini zu erwecken.

Man muss Wasser in den Behälter geben, damit das Gefäß unaufhörlich kocht. Dieses Wasser ist erst schwarz, dann rot, dann weiß, dann verschiedenfarbig. Es ist das universelle Chamäleon, der Vogel Phönix, der aus seiner eigenen Asche auferstanden ist: Es ist der Salamander, der im Feuer lebt.

Mit sexuellem Kontakt ziehen wir aus dem Mond-Kalk, dem weiblichen Quecksilber, jene Hormone der sexuellen Stimulation, die wir für die heilige Arbeit mit unserem gesegneten Stein brauchen.

Im gewöhnlichen gegenwärtigen Menschen steigt die rechte Schlange auf, während die linke zur leidenschaftlichen Befriedigung in die eigenen atomaren Höllen des Menschen hinabsteigt.

Es ist notwendig, das Quecksilber aus dem Mond-Kalk zu extrahieren, die gefallene lunare Schlange zu erheben und die beiden Schlangen des Merkurstab auf die Ankunft des Feuers vorzubereiten. Es ist notwendig, die gefallene Schlange zu erheben.

Der Merkurstab hat zwei Schlangen. Eine ist mit dem Kopf nach oben, die andere mit dem Kopf nach unten um den Stab gewickelt. Die eine ist Od, die andere ist Ob der alten Kabbalisten.

Die Schlange mit dem Kopf nach oben ist solar und männlich. Die Schlange mit dem Kopf nach unten ist lunar.

Es ist notwendig, die gefallene Schlange zu erheben.

Bevor der Mensch Eden verlassen hatte, waren die beiden Schlangen am Stab erhoben, aber als der Mensch das Paradies verließ, sagte Jehova Gott zu der Schlange:

> Weil du das getan hast, bist du verflucht unter allem Vieh und allen Tieren des Feldes. Auf dem Bauch sollst du kriechen und Staub fressen alle Tage deines Lebens. (Vers 14, Kap. 3: Genesis).

Diese lunare Schlange, diese gefallene Schlange, diese leidenschaftliche Schlange, muss am Stab erhoben werden, um das Feuer zu entzünden.

Diese weiblichen sexuellen Prinzipien müssen wir zu meistern lernen, um die Geburt des Goldenen Kindes der sexuellen Alchemie zu erreichen.

Wir müssen gegen die tierische Leidenschaft kämpfen und sie in der Achillesferse verletzen, da sie uns am Kopf verletzt hat. Wir müssen die siegreiche Bestie bekämpfen. Wir müssen das gewöhnliche Quecksilber aus dem Mond-Kalk extrahieren, um die gefallene Schlange zu erheben.

Die Engel haben zwei Pole, den männlichen und den weiblichen Pol ihrer sexuellen Kraft, die nach oben zum Kopf hin fließt.

Bei den Menschen ist die sexuelle Energie geteilt; während die positiven männlichen solaren Ströme aufsteigen, steigt der negative weibliche lunare sexuelle Strom ab.

Wir müssen den negativen Pol unserer sexuellen Kraft erheben. Dies wird als Extraktion des gewöhnlichen Quecksilbers aus dem Mond-Kalk bezeichnet.

Die beiden Schlangen müssen wie bei den Engeln nach oben zum Kopf hin fließen.

Der lebendige Kalk der Philosophen

Der Mond-Kalk gemischt mit dem männlichen und weiblichen Quecksilber bewirkt die Vervielfachung des Quecksilbers.

Dieses Rohmaterial ist zunächst schwarz, dann rot, dann weiß und verschiedenfarbig. Dies ist der lebendige Kalk der Philosophen und ihre schwefelhaltige Mine der geheimen Philosophie.

Das erigierte männliche Glied bewirkt eine Vermehrung des Samens in den hormonellen Gefäßen. Diese Vermehrung des Samens ist das, was in der Alchemie als Vermehrung des philosophischen Quecksilbers bekannt ist.

So steigt das in männliches und weibliches Quecksilber umgewandelte Sperma durch unsere beiden Ganglienstränge des Rückenmarks auf. Dies ist die Vermehrung des Quecksilbers in der schwefelhaltigen Mine der geheimen Philosophie. Diese schwefelhaltige Mine ist der Phallus und der Uterus.

Der lebendige Kalk wird in das weibliche Quecksilber umgewandelt, das vom Mond regiert wird.

Der Kalk, gemischt mit dem weiblichen Quecksilber, d.h. das aus dem Kalk extrahierte weibliche Quecksilber, wird durch sexuelle Magie zu wahrem Mond und wahrem Silber reduziert.

Auf diese Weise erheben wir die lunare Schlange auf dem Stab.

Auf diese Weise erheben wir die gefallene Schlange für die Ankunft des Feuers.

Die beiden Schlangen, die sich um den Caduceus des Merkur winden, müssen erhoben werden, um das Erwachen von Kundalini zu erreichen.

Die männliche Schlange ist solar. Die weibliche Schlange ist lunar.

Wir müssen die lunare Schlange erheben, denn sie ist gefallen.

So bereiten wir uns auf die Ankunft des Feuers vor.

Die Vermehrung des philosophischen Quecksilbers ist ein Prozess der sexuellen Transmutation. Wir müssen das elementare Wasser des Quecksilbers mit unseren solaren Feuern befruchten. Auf diese Weise christifizieren wir uns.

Grundlagen der sexuellen Alchemie

1. Du sollst Gott über alles lieben.
2. Du sollst Seinen heiligen Namen nicht missbrauchen.
3. Du sollst den Feiertag heiligen
4. Du sollst Vater und Mutter ehren.
5. Du sollst nicht töten
6. Du sollst nicht Unzucht treiben
7. Du sollst kein falsches Zeugnis geben wider deinen Nächsten.
8. Du sollst nicht stehlen
9. Du sollst nicht begehren deines Nächsten Frau.
10. Du sollst nicht begehren deines Nächsten Gut.

Dies ist die Grundlage der sexuellen Alchemie.

Unsere heilige Kunst basiert vollständig auf den Gesetzestafeln.

Wer sexuelle Magie mit verschiedenen Frauen praktiziert, ist ein Ehebrecher, und kein Ehebrecher kann Kundalini erwecken.

Wer gegen das sechste Gebot des Gesetzes Gottes verstößt, kann die Wasser des Quecksilbers nicht befruchten, da er nicht im Besitz des solaren Feuers ist.

Die sexuelle Magie kann nur zwischen Mann und Frau praktiziert werden.

Der Mann, der gegen dieses Gebot verstößt, begeht Ehebruch. Die Frau, die dieses Gebot bricht, bricht die Ehe. Wenn sie glauben, dass sie etwas erreichen können, irren sie sich, denn ein Ehebrecher kann nichts erreichen.

Kundalini steigt im Einklang mit den 10 Geboten des Gesetzes Gottes auf. Der Verstoß gegen eines der 10 Gebote stoppt die Entwicklung, die Evolution und den Fortschritt von Kundalini.

All jene, die sich vereinen, um Sexualmagie zu praktizieren, ohne verheiratet zu sein, verfallen der Schwarzen Magie wegen des Verbrechens des Ehebruchs.

Die Zehn Gebote des Gesetzes Gottes sind die Grundlage der sexuellen Alchemie.

Das große Arkanum

Als die Soldaten Nebukadnezars das Allerheiligste des Salomonischen Tempels betraten, erschraken sie vor dem schrecklichen Symbol des Großen Arkanums.

Die beiden Cherubim der Bundeslade berührten sich mit den Spitzen ihrer Flügel und befanden sich in der sexuellen Haltung von Mann und Frau während der Kopulation.

Die Babylonier sagten zu den Juden: Ist das euer Gott? „Ist das die Reinheit eures Gottes, die ihr so sehr anpreist?" Die Priester Jerusalems blieben stumm, denn dies ist das schreckliche Geheimnis des Großen Arkanums.

Die beiden Cherubim, männlich und weiblich, kopulierend, repräsentieren die Essenz aller Formen, das Rohmaterial des Großen Werkes, die elementaren Wasser des Lebens, die sexuelle Kraft von Eden, das Quecksilber der geheimen Philosophie, befruchtet von den solaren Feuern.

Das Große Arkanum ist das siebte große Geheimnis der Schöpfung, das im siebten Siegel der Apokalypse verborgen ist. Die Nummer dieses Großen Arkanums ist 888 (achthundertachtundachtzig). Das ist der Stab des Zauberers.

Das ganze Septenär wird auf unsere spirituelle Triade reduziert.

Das Rückenmark mit seinen Gangliensträngen, die wie der Merkurstab geformt sind, hat die Zahl 8.

Mit der fünften, sechsten und siebten Einweihung in die großen Mysterien wird die Acht im Kausalkörper (höheres Manas oder Willenskörper), im buddhischen Körper (Bewusstseinskörper) und im atmischen Körper, der das Vehikel des Innersten ist, gebildet.

So bildet sich die 888 in unserer perfekten Triade.

Auf diese Weise reduziert sich das Septenär auf unsere spirituelle Triade.

Aber zuerst müssen wir die vier Schlangen der vier Körper der Sünde erheben, um uns von diesen vier Körpern der Sünde zu befreien und uns in Buddhas zu verwandeln.

Mit der Zahl 888 schwingen die vierundzwanzig Vokale des Tierkreises in uns.

> Als das Lamm das siebte Siegel öffnete, trat im Himmel Stille ein, etwa eine halbe Stunde lang. Und ich sah: Sieben Engel standen vor Gott; ihnen wurden sieben Posaunen gegeben. Und ein anderer Engel kam und trat mit einer goldenen Räucherpfanne an den Altar; ihm wurde viel Weihrauch gegeben, den er auf dem goldenen Altar vor dem Thron verbrennen sollte, um so die Gebete aller Heiligen vor Gott zu bringen. Aus der Hand des Engels stieg der Weihrauch mit den Gebeten der Heiligen zu Gott empor. Dann nahm der Engel die Räucherpfanne, füllte sie mit glühenden Kohlen, die er vom Altar nahm, und warf sie auf die Erde; da begann es zu donnern und zu dröhnen, zu blitzen und zu beben. Dann machten sich die sieben Engel bereit, die sieben Posaunen zu blasen. (Off. 8:1-6)

Die Arche Noah, die Bundeslade, ist das siebte große Mysterium der Schöpfung, das große Arkanum.

> Der Tempel Gottes im Himmel wurde geöffnet und in seinem Tempel wurde die Lade seines Bundes sichtbar: Da begann es zu blitzen, zu dröhnen und zu donnern, es gab ein Beben und schweren Hagel. (Off. 11:19)

Heute hat sich diese Prophezeiung erfüllt.

Hier finden wir das unaussprechliche Geheimnis des Großen Arkanums.

Hier haben wir die Bundeslade. Hier haben wir die sexuelle Alchemie.

Wie in den Tagen Noahs, der durch das Große Arkanum gerettet wurde, so gebe ich auch euch, meine Brüder, in diesen Tagen, in denen das Wassermannzeitalter beginnt, die Arche des Testaments, damit ihr in dieser kritischen Stunde der Menschheit nicht untergeht.

Der Abgrund hat sein finsteres Maul geöffnet, und wie in den Tagen von Noah könnt ihr euch in der Arche des Bundes aus diesem Schlund retten.

Der Tempel dieser Arche ist die Kathedrale der Seele, es sind unsere Sexualorgane, es ist die Heilige Gnostische Kirche. In dieser Arche befinden sich der Stab Aarons und die Gesetzestafeln, die die Grundlage der sexuellen Alchemie bilden.

Die Arche ist mit dem reinen Gold unserer sexuellen Alchemie bedeckt. Die Cherubim sind der Mann und die Frau, sie sind das Mysterium des Phallus und des Uterus.

Das ist die Arche des Bundes (Bundeslade), das ist das Geheimnis der Sexualität. Die Herrlichkeit Jehovas erstrahlt über der Bundeslade.

Heute hat Gott den Bund erfüllt, den er mit Moses geschlossen hat, und ich übergebe der Menschheit die Bundeslade, das unaussprechliche Geheimnis des Großen Arkanums, der sexuellen Alchemie.

Diejenigen, die heute die Bundeslade missachten, werden wie zur Zeit Noahs untergehen.

Unser Werk in Rot und in Weiß

Die Regelungen für unseren Stein der Weisen sind fünf:

1. Reduzierung der Metalle auf ihr Rohmaterial.

2. Umwandlung unserer philosophischen Erde in Quecksilber und Schwefel.

3. Unseren Schwefel mit der Sonne und dem Mond vereinen.

4. Herstellung des weißen Elixiers.

5. Diesem Elixier die Farbe von Zinnober geben und es zur Herstellung des roten Elixiers verwenden.

Die Reduktion der Metalle auf ihr Rohmaterial ist reine sexuelle Magie.

So wird unsere philosophische Erde auf das Feuer und das Quecksilber der geheimen Philosophie reduziert.

Unser Schwefel ist Solar und Lunar.

Das Weiße Elixier und das Rote Elixier, Mann und Frau, die sexuell vereint sind, Gold und Silber, haben während der sexuellen Trance die Macht, die Metalle unserer Persönlichkeit in das reine Gold des Geistes umzuwandeln.

Der philosophische Schwefel ist die rote Tinktur, das Feuer von Kundalini, der Geist des römischen Vitriol.

Aristoteles sagt im Buch der Meteorologie:

> Alle Alchemisten wissen, dass es unmöglich ist, die Form von Metallen zu verändern, ohne sie zunächst auf ihr Rohmaterial zu reduzieren. (Albertus Magnus, Compositum de Compositls)

Wir müssen unser philosophisches Quecksilber sublimieren. Quecksilber durchläuft die Prozesse der Destillation, Koagulation, Fäulnis, Kalzinierung und Fixierung, in seinem sexuellen Glaskolben und Ofen.

Unsere philosophische Erde trinkt das fruchtbare Wasser, auf das sie gewartet hat, löscht ihren Durst und bringt dann Hunderte von Früchten hervor.

Unsere philosophische Erde, unser menschlicher Organismus, gesättigt mit dem christonischen Samen, bringt die inneren Früchte der großen kosmischen Verwirklichungen hervor.

Dein schwarzes Wasser muss weiß werden, bevor du die Hefe hinzufügst.

Der Rabe, der aus der Arche Noah flog, ist unser schwarzes Wasser, das weiß werden muss, es ist das Quecksilber der geheimen Philosophie, das wir mit dem reinen Gold des Geistes zum Leuchten bringen müssen.

Dieser Rabenkopf, Mutter, Herz und Wurzel der anderen Farben, ist das unreine Messing, der schwarze Rückstand, die Bronze der Philosophen, der Humus, der schwarze Schwefel, der männliche Gatte, usw.

Die schwarze Krähe muss weiß werden, das Blei muss in Gold verwandelt werden.

Unser großes Werk ist nichts anderes als eine Veränderung der Natur, eine Evolution der Elemente.

Das reine Gold des Geistes ist der Branntwein, der Essig der Philosophen, die jungfräuliche Milch, die alle Metalle zu ihrem Rohstoff reduziert, es ist das vollkommene Quecksilber, der Körper, der aus Noahs Arche geflogen ist, die Taube des Heiligen Geistes.

Man muss die vier Elemente im Kreis drehen und dabei ihre Eigenschaften verändern.

Wir müssen Erde in Wasser, Wasser in Luft und Luft in Feuer verwandeln.

Diejenigen, die nicht wissen, wie man stirbt und wieder aufersteht, müssen unsere heilige Kunst aufgeben.

Man muss sterben, um zu leben, man muss alles verlieren, um alles zu gewinnen.

An einem Ende unseres gesegneten Steins brennen zwei Fackeln: Gold und Silber, Mann und Frau, sexuell vereinigt. Am anderen Ende befindet sich das Elixier der Vollkommenheit, welches das Kind der beiden ist. Man kann nicht von einem Ende zum anderen gehen, ohne durch die Mitte zu gehen.

Es gibt vier Wasser: Das erste löst den Mond-Kalk auf und verwandelt ihn in das Quecksilber der geheimen Philosophie. Das zweite löst Gold auf, lässt es gelb werden und lässt die Metalle strahlen. Das Dritte reduziert alle Metalle auf ihr Rohmaterial. Das vierte ist das vervollkommnete Quecksilber, das reine Gold des Geistes.

Die ersten beiden Wasser sind das rote Elixier und das weiße Elixier, mit denen wir unsere Werke in Rot und in Weiß durchführen.

Unser Stein der Weisen ist schwarz, ist rot und ist weiß.

Das Quecksilber der geheimen Philosophie ist der schwarze Rabe, der in die Weiße Taube der Arche von Noah verwandelt werden muss, welche die Taube des Heiligen Geistes ist, das reine Gold des Geistes.

Der Mann ist der rote König und die Frau ist der weiße König.

Unser Stein der Weisen ist schwarz, ist rot und ist weiß.

Unser Werk in Rot und Weiß ist die liebevolle Vereinigung der sexuellen Magie.

Mit Sexualmagie machen wir unseren schwarzen Raben weiß und verwandeln uns zu omnipotenten Göttern des Universums.

Mit unserem Werk in Rot und Weiß verwandeln wir uns in die Schlange mit den sieben Köpfen, in die große Schlange.

Mit unserem Werk in Rot und Weiß verwandeln wir uns in Drachen mit sieben Köpfen.

Wenn wir in unserer Arbeit das Rot und das Weiß erreichen, werden wir die Welt des Feuernebels bewohnen.

J. D. Mylus, Anatomia Auri, Franfurt 1628

Schlussfolgerung der Abhandlung über die sexuelle Alchemie

Wir haben diese Abhandlung über die sexuelle Alchemie mit der absoluten Gewissheit abgeschlossen, dass die Menschheit des zwanzigsten Jahrhunderts nicht in der Lage sein wird, sie zu verstehen. Sicher ist, dass die Pedanten dieser Epoche uns mit ihren Verleumdungen überschütten werden, wenn sie diese Zeilen lesen.

Unzucht ist eine schreckliche Sache in diesem Zeitalter, und die Spiritualisten aller Schulen verteidigen ihre geliebte Unzucht bis zum Äußersten.

Deshalb sind wir bereit, nach der Veröffentlichung dieses Werkes alle Verleumdungen und Beleidigungen geduldig zu ertragen.

Ich habe dieses Buch für die Menschheit des Wassermannzeitalters und für unsere gnostischen Schüler geschrieben, die die Vorhut der menschlichen Evolution bilden.

Das Fundament aller Mysterienschulen liegt in der Sexualität. Deshalb gibt es in allen Religionen eine männliche Gottheit und eine weibliche Gottheit.

In Ägypten sehen wir Isis und Osiris, in Phönizien Herkules und Ladon, in Griechenland Apollo und Diana, Pluto und Persephone in Attika. Bei den Griechen spricht man bereits offen über Phallus und Uterus; dies sind Limgam und Yoni der Eleusinischen Mysterien.

Das Wort, das goldene Wort, basiert auf den großen Mysterien der Sexualität, und es ist unmöglich, das Wort des Lichts zu sprechen, ohne Kundalini zu erwecken.

Das I.A.O. als Mantram erklingt in den unaussprechlichen Mysterien des Großen Arkanums.

DIS, DAS, DOS sind die grundlegenden Mantras der sexuellen Alchemie. Diese Mantren verdanken wir dem Ehrwürdigen Meister OM, der sie einem unserer Schüler gab. Der Vokal und der S-Laut sollen verlängert werden, sodass der S-Laut die Intonation eines süßen und sanften Pfeifens erhält.

Sie werden wie folgt vokalisiert:

Diiiiiiiiiiiiissssssss...

Daaaaaaassssssss...

Doooooosssssss...

Meister OM hat unsere Schüler gewarnt, dass die Praxis der Sexualmagie langsam und sanft durchgeführt werden sollte .....

Die Mantras DIS, DAS, DOS werden während der Trance der sexuellen Magie gesungen. Mit diesen Mantren wird der Schüler die Gefahr eines sexuellen Falls vermeiden.

Der Schüler sollte sich vor dem Spasmus von der Frau zurückziehen, um eine Ejakulation der Samenflüssigkeit zu vermeiden. Diese Mantrams sollen während der Praxis sehr viele Male vokalisiert werden.

In diesem Buch haben wir der Menschheit das schreckliche Geheimnis des Großen Arkanums offenbart.

Im Mittelalter wurde der Eingeweihte, der dieses schreckliche Geheimnis verriet, mit vergifteten parfümierten Sträußen, Nessushemden, vergifteten Seifen, Dolchen oder auf dem Schafott getötet.

In Ägypten wurden diejenigen, die das Große Arkanum verrieten, zum Tode verurteilt, ihre Köpfe wurden abgeschlagen, ihre Herzen herausgerissen und ihre Asche in die vier Winde verstreut.

So haben wir in diesem Buch der Menschheit das schrecklichste Geheimnis des Universums enthüllt. Wir haben den Stein der Weisen, das Elixier des langen Lebens, die Quadratur des Kreises und den Schlüssel zum Perpetuum mobile enthüllt.

Mit den Geheimnissen dieses Werkes kannst du, mein Bruder, Blei in Gold umwandeln und ein schrecklicher Gott des Universums werden, ein Bewohner der Welt des Feuernebels und ein Schöpfer von Universen.

Alle Bücher der Alchemie sind verschlüsselt geschrieben, und wer den Schlüssel der Sexualmagie nicht kennt, kann die Bücher der Alchemie nicht verstehen.

Der gesamte Technizismus der alchemistischen Bücher muss in den Sexualorganen gesucht werden. Alle Werke von Albert dem Großen, Raimund Lull, Sendivogius, Paracelsus, Nicolas Flamel, können nur mit dem höchsten Schlüssel der Sexualmagie verstanden werden.

Alle Laboratorien der mittelalterlichen Alchemisten müssen in den Sexualorganen gesucht werden.

Die mittelalterlichen Alchemisten verbargen das Große Arkanum hinter zahllosen esoterischen Symbolen und Allegorien, um es vor der Entweihung zu schützen und um zu verhindern, dass sie auf dem Scheiterhaufen der katholischen Inquisition lebendig verbrannt wurden.

Alle, die das Große Arkanum vor meiner Zeit verbreitet haben, sind gestorben. Es gibt nur einen Mann, der das Große Arkanum verbreitet hat, und der nicht gestorben ist. Dieser Mann war ich.

Hiermit übergebe ich es der Menschheit, hiermit übergebe ich es allen Lebewesen, damit sie zu Göttern werden können. Amen.

Zum Abschluss dieses Werkes müssen wir unsere gnostischen Schüler warnen, dass der Akt der Sexualmagie nur zwischen Mann und Frau in rechtmäßig konstituierten Ehen durchgeführt werden darf.

Das ist das Geheimnis der doppelten Polarität. Mann und Frau bilden eine völlig positiv-negative Polarität. Aber wenn der Mann mit einer anderen Frau oder die Frau mit einem anderen Mann verkehrt, um Sexualmagie zu praktizieren, entsteht eine duale Polarität, die absolut negativ ist.

Die duale Polarität hat nicht die Kraft, die sexuelle Energie umzuwandeln.

Die duale Polarität kann das Quecksilber der geheimen Philosophie nicht mit den solaren Feuern befruchten.

Die duale Polarität kann Kundalini nicht erwecken, weil sie absolut negativ ist. Die chaotischen Wasser bleiben unverändert, denn sie können weder befruchtet noch umgewandelt werden.

Das ist das Mysterium der dualen Polarität.

Daher kann kein Ehebrecher und keine Ehebrecherin Kundalini erwecken.

Das Feuer ist die Grundlage für alles, was existiert.

Das Feuer, das die chaotische Materie befruchtet, ist das höhere astrale Licht.

In der Morgenröte des Lebens kriecht das Feuer im kosmischen Staub, wie eine feurige Schlange. Dies war das erste Licht des Universums. Dies ist das höhere astrale Licht, das in unserem christonischen Samen deponiert ist. Dies ist die kosmische Elektrizität, die die Macht hat, die Atome der Samen zu trennen und sie zu befruchten, sodass aus ihnen die Keime des Lebens hervorgehen.

In jedem Atom des Samens ist ein Keim des Lebens enthalten. Wenn sich unser planetarisches Universum auflöst und in Atome zerlegt wird, dann schlafen in diesen Atomen die Keime dieses Universums, bis das Feuer der Götter sie in der Morgendämmerung eines neuen Mahamanvantara befruchtet.

Die göttlichen Keime schlafen in unserem Samensystem und warten nur darauf, vom Feuer befruchtet zu werden, um uns Bewusstsein als Götter zu geben.

Dieses höhere astrale Licht ist das erste Licht der Schöpfung, es ist der ursprüngliche Elohim.

Das höhere astrale Licht hat zwei Pole: einen positiven und einen negativen. Der positive Pol ist die bronzene Schlange, die die Israeliten in der Wüste heilte. Der negative Pol ist die verführerische Schlange von Eden. Der positive Pol ist Od, der negative Pol ist Ob.

Das höhere astrale Licht ist Kundalini, die wir durch das Praktizieren von Sexualmagie erwecken müssen. Das ist das Wesentliche, alles andere ist Unsinn. Das Wichtige ist das Feuer. Alles andere ist illusorisch.

Die Ebenen des kosmischen Bewusstseins sind nichts anderes als die Haut der feurigen Schlange. Am Ende jedes Mahamanvantaras wirft die Schlange ihre Haut ab. Diese Haut ist nichts anderes als kosmischer Staub. Wir müssen uns von der Haut befreien, um im Absoluten geboren zu werden.

Mitten in der Finsternis des Absoluten leuchtet subjektiv das unerschaffene Licht des „Nicht-Seins“, das das „Wahre Sein“ ist.

Buddhi (die spirituelle Seele) ist ein Funke, der von der Seele der Welt durch sexuelle Alchemie geschaffen wurde, um das absolute Bewusstsein zu erwecken und im Absoluten geboren zu werden.

Das absolute Glück ist nur für diejenigen, die sich vom kosmischen Staub befreien und die in das ungeschaffene Licht des Lebens geboren werden, das frei in seiner Bewegung ist.

Christus ist ein Bewohner des Absoluten. Christus kam in den Kosmischen Garten, um uns in das ungeschaffene Licht des Absoluten zu leiten und zu führen.

Das Leben frei in seiner Bewegung ist das Absolute, in dem nur das ungeschaffene Licht strahlt.

Solange sich Menschen und Götter nicht von dem Kosmos befreien, sind sie dem Karma und dem Schmerz unterworfen.

Das Fohat zischt, wenn es von einem Punkt zum anderen gleitet.

Der positive Pol des höheren astralen Lichts macht uns zu Göttern. Der negative Pol ist das Feuer der Unzucht, das uns in Dämonen verwandelt.

Durch die sexuelle Alchemie verwandeln wir uns in androgyne Flammen.

In der Morgenröte eines jeden Mahamanvantaras stiehlt die Große Mutter, das universelle weibliche Prinzip, das Feuer von den Göttern, um sich selbst zu befruchten und voller Kraft zu erstrahlen.

Dies ist der universelle Protogonos

Dies ist die Tragödie der Götter.

Dies ist der logoische Fall.

Die Götter können sich nur befreien, wenn ihre jungfräulichen Funken sich befreien. Glücklicherweise bewirkt die Spirale des Lebens, dass das Universum in der Morgendämmerung eines jeden Mahamanvantara eine weitere Stufe auf dem Pfad der Vollkommenheit erklimmt.

Es gibt zwei Wege: Den logischen Weg und den Weg zum Absoluten.

Ich sage meinen Arhats (Schülern), dass es besser ist, auf die Glückseligkeit des Nirvana zu verzichten und sich im Großen Werk des Vaters zu opfern, um im Absoluten geboren zu werden.

Ich sage meinem Arhats (Schülern), dass der Meister, der dem Glück des Nirvana entsagt, um dem Pfad der langen und bitteren Pflicht zu folgen, sich nach vielen Zeitaltern von der Seele der Welt befreit und im ungeschaffenen Licht des Lebens geboren wird, das frei in seiner Bewegung ist, wo nur absolutes Glück, absolutes Bewusstsein und die absolute Wirklichkeit des Seins herrschen.

Möge Friede mit der gesamten Menschheit sein!

Ende